Im Himmel gebadetes Obst

Ein Bettler ist der Mensch, wenn er nachdenkt,
ein Gott, wenn er träumt.
Hölderlin

Johanna Renate Wöhlke

Im Himmel gebadetes Obst

Eine skurril-poetische Gedankenreise

Die Leser dieses Buches erwartet ein skurril-poetisches Lesevergnügen. Die Autorin gibt einem in Sprache umgesetzten Erleben Raum, das sie skurrile Poesie nennt – geschrieben ohne Punkt und Komma, aber doch aufgeteilt in fünfzig in sich abgeschlossenen Texten. So entstehen Assoziationen, Wort - und Gedankenfelder, ineinander verwoben und verschachtelt, alles mit Allem verknüpfend. Es wachsen poetische Sprach- und Sinnbilder, die die Leser einladen möchten, selbst solche Gedankenreisen zu unternehmen und sich einzulassen auf ein Abenteuer besonderer Art: eine Reise in das eigene, im Alltag verborgene Selbst.

Johanna Renate Wöhlke Verlag

Bibliografische Information der Deutschen Bibliothek:
Die Deutsche Bibliothek verzeichnet diese Publikation in der Deutschen Nationalbibliografie; detaillierte Daten sind im Internet über
<http://dnb.ddb.de> abrufbar.

© 2006 Johanna Renate Wöhlke
Satz, Umschlagdesign, Herstellung und Verlag: Books on Demand GmbH, Norderstedt
ISBN 10: 3-931628-56-6
ISBN 13: 978-3-931628-56-7

Inhalt

Vorwort

Diese Texte habe ich geschrieben, weil es mir unbändig viel Freude gemacht hat. Das Buch ist aus purer Lust am Schreiben entstanden. Die Neugier auf diese Texte war nicht zu bremsen, die wie eine Quelle aus meinen Gedanken sprudelten, beim Schreiben keinen Sinn zu haben schienen und am Ende für mich doch so gut zu verstehen und nachzufühlen waren. Es entstanden Wortfelder von ineinander verwobenen und verschachtelten Gedanken, ungeplanten und unbewussten Verknüpfungen, im Laufe eines Lebens im Gehirn und seinen Dimensionen eingenistet, und dort ein Dasein führend, aus dem sie zu befreien sich fantastisch angefühlt hat: Ich schließe meine unzugängliche Gehirnkiste auf und bin überrascht vom Inhalt. Ich lasse die Gedanken und Wörter fließen – und sie machen sich auf ihren Weg. Es entsteht ein Gefühl von intensiver Verbundenheit mit dem eigenen Kopf und Hirn und deren unzugänglichen Sphären, in denen Sprache und Buchstaben ihre Heimat haben und immer wieder neu auf ein Weise verknüpft werden, die mir am Ende doch ein Rätsel bleibt. Ein Rätsel, weil meine Gedanken in Fleisch und Blut existieren und sich über Hals, Schultern, Arme, Hände und Finger auf der Schreibtastatur in Buchstaben verwandeln, in aneinander gereihte Wörter ohne Punkt und Komma. Das ist ein wunderbares Geschehen. Vielleicht kann das, was mir wie ein mit Buchstaben gemaltes abstraktes Bild erscheint, das aus vielen Motiven zusammengesetzt ist, auch die Leser dieses Buches mit auf eine eigene Reise durch ihre Gedanken einladen und sie anregen, selbst solche Gedankenreisen zu unternehmen. Sie sind möglich. Immer und an jedem Ort. Sie bringen uns näher zu uns selbst. Einzig erforderlich ist es, sich mit ruhigem Atem der langsam fließenden Zeit anzuvertrauen und die Abenteuerreise nach innen wird beginnen ...

Alte Freunde sind alt

... und alte Freunde sind Spiegel und rufen und fragen und sind doch immer alte Freunde ohne schlechte Gedanken an Vergangenheit und gelebte Zeit in festen Schuhen und leichten Sandalen und langen Gewändern und kurzen Röcken mit den wippenden Zöpfen die abzuschneiden noch keine Zeit war in der alten Zeit und nun ist da die neue Zeit und treibt immer weiter und ist unbarmherzig mit mir und den alten Freunden und ihren Falten und ihre Falten sind meine Falten ach wie sind sie alt geworden und die Falten sind jung und werden auch alt irgendwann einmal alt und schön und gar nicht so hässlich wie ich gemeint habe vor vielen Jahren und die Haare sind grau und sie lassen sich gerne färben denn sie wehren sich nicht gegen die Farbe die sie vergewaltigt zur Farbe die sie gar nicht mehr wollen weil sie es nicht sind und nicht sein werden und unter der Hülle von Farbe liegt eine Fülle von Weiß und das Weiß ist so schön und sehnsuchtsvoll wie eine geschälte Apfelsine die ihren Geschmack mit einer Tomatensuppe teilt und Tomaten nennt man in Österreich Paradeiser und das ist ein schönes Wort für Tomaten und für ihre rote Farbe über allem Grau und rote Farbe mag ich nicht an Haaren auch nicht gelb und grün oder blau sogar wie beschwipste Haare blau sind und ohne Halt weil keiner mehr Halt hat wenn er beschwipst ist und die Zeit nicht anhalten kann und den Mund nicht halten kann über dem Rand eines vollen Glases mit warmem Wasser das so leicht über die Lippen fließt wie Fett von Käse oder

Öl von Oliven im grünen Hain von Oliven die mit sich selbst am Zweig hängen und sich nicht trennen können voneinander bis jemand kommt und sie schüttelt und unbarmherzig auspresst und Gott sei Dank dass die Oliven kein Herz haben und die Orangen keine Seele haben und die Feigen auch nicht lebendig sind und ihr Leben kein Leben ist sondern mehr eine Existenz unter dem Himmel der sie gemacht hat unter der Sonne und in der Erde und ohne Gefühle für sie weil sie vergehen genau wie wir mit großen Falten aber ohne Schmerzen und ohne Trübsal weil sie den Weg nicht kennen den sie nehmen müssen und nehmen wollen weil sie nicht anders können als das zu werden wofür sie bestimmt sind auf dieser Welt und uns zeigen wollen wozu wir bestimmt sind auf dieser Welt aber wir merken es nicht wir wünschen es nur und unsere Wünsche reihen sich auf jenseits der Falten und schauen von hinter den Falten durch den Kopf und die Haut durch den Spiegel und sehen uns nicht wirklich sondern immer mit den Augen von innen und von innen und keiner hat sie je gesehen und gefühlt und gesprochen nur der Augenblick liebt sie und hält sie fest für einen Augenblick und das nennen wir Glück …

Kleine Knöpfe passen nicht

... in große Löcher oder kleine Löcher lassen sich
nicht über große Knöpfe ziehen oder nicht jedem Knopf
ist es recht durch jedes Loch gesteckt zu werden es sein
denn es handelt sich um einen flexiblen Knopf der mit
sich alles machen lässt was man mit Knöpfen so machen
kann aber nicht nur mit Knöpfen ist das wie mit dem
großen weißen Kohlkopf der nun wirklich keine Farbe
hat unter den Gemüsen ist er rein äußerlich ein fades
Stück aber voller Vitamine wie ich neulich gehört habe
ach die Vitamine sind mit und ohne Kohl so unwahr-
scheinlich wichtig dass ich die Apfelsinen vergesse und
die Bananen und diese grünen Kiwis die so lange geflo-
gen sind über das Wasser wie alles überhaupt hier über
das Wasser geflogen ist und ich weiß nicht wieso alles
über das Wasser fliegt wenn es doch in der Erde wachsen
muss und gegessen werden soll wenn es frisch ist aber
frisch ist nur das Wasser und das Kerosin und hoffentlich
der Fluglotse im Tower und der Pilot hat bestimmt auch
das Gemüse und das Obst gegessen und dabei geschlafen
über den Wolken und sich immer gefragt was denn wohl
vernünftige Sachen zu essen sind und zu trinken und
warum wir nicht ewig leben wo wir doch so viel zu essen
haben und davon rund und schön werden wie Pfirsiche
und die Oberflächen von schönen grünen Äpfeln wenn
sie gerade so weich geworden sind dass man sie noch ge-
rade so essen kann aber Unsinn ist das nicht wie das was
immer über der Straße lauert wenn der Schnee schmilzt
und wenn die Stiefel rutschen und sich keine Gedanken

über gequetschte Zehnägel in zu engen Stiefeln machen müssen mit diesen Schuhen geht es sich schwer und auch mit glatten Sohlen und in gemauerten Häusern lebt es sich gut und auch in kleinen Hütten aus Holz bis zum nächsten Sturm über dem Dach mit den welken Balken im Genick und dem Brunnen vor der Tür und dieser großen Wiese bis zum Bach in dem du deine Sehnsucht ertränken kannst und deine Fische angelst und niemand ist da um sie dir zu braten …

Welches Leben

. . . kann ich leben außer mein Leben zu leben wie die Fäden zu spinnen und die Stoffe zu weben die mir unter dem Herzen brennen wie ein heißes Feuer das keiner löschen kann und dabei verbrenne ich mir nicht meine Finger und nicht meine Haare ich fühle nur unter der Haut die vielen kleinen Blasen des Lebens sich aufblähen und sich vollsaugen mit Wasser und Wein aber nie mit Essig und nie mit sauren Gedanken denn warum sollte der saure Wein in mir sein und warum sollten die sauren Gedanken in mir sein wo ich sie nicht will und wo niemand sie will und niemand ihnen ihr Leben wirklich freiwillig schenkt sondern immer nur unter dem Zwang von etwas das wir nicht kennen und das uns immer wieder auf dem Schoß sitzt und an unserem Hals hängt und wir es nicht wollen nicht auf unserem Schoß und nicht an unserem Hals aber trotzdem in uns irgendwie in uns und nicht ohne uns zu denken und ohne unsere Gedanken und mein ich will das nicht und mein ich mag das nicht und mein ich werde das nicht zulassen in mir und in dir und in dem Leben das wir leben wo der Hund an der Tür kratzt wenn er ins Haus will und die Kinder schreien wenn sie Hunger haben und das Wasser im Glas sprudelt wenn wir durstig sind und alle nur Angst haben dass das nicht mehr sein wird und alles nicht mehr sein wird im blauen Dunst von Zukunft und Vergangenheit und ohne Tücher zum Einwickeln und Öle zum Salben und ohne Trost zu sein und doch nicht allein sein wollen unter den vielen Menschen die nie Trost finden in sich und vor dem Spiegel stehen und den Spiegel fragen um Trost und um Hilfe und der Spiegel antwortet in Rätseln die wir nicht lösen können und er streichelt die Hautfalten die wir nicht glätten können und er ist uns ein Freund mit unseren Augen und wir sehen uns und sehen uns nicht und alles bleibt ungesehen was wirklich wichtig ist nur gefühlt und geliebt und immer ganz bei dir und bei mir und bei allen Menschen ohne Qual und ohne Hast und ohne Angst in den Augen und in den Falten des Körpers die nie ausruhen sondern immer wachsen bis zum letzten Tag …

Den verschwommenen Augenblick

. . . hat meine Seele aufgefangen im Gefäß meiner Gedanken und wärmt sie und lässt sie wachsen mit der Gelassenheit von Ruhe und Vertrauen und hat die Hoffnung nicht eingegraben und die Liebe nicht vergessen und niemals tut er dir weh sondern ist ein Teil von dir und immer kannst du fragen und nie bekommst du nur eine Antwort denn die Antworten sind bunt und haben mehr Farben als meine Augen sehen können und mehr Licht als meine Gedanken halten können in ihrem dunklen Kasten mit zwei Augen die so oft geschlossen sind und die ich nicht zwingen kann die Wege zu verlassen die sie gehen wollen und die Sterne zu verlieren die sie verlieren wollen und überhaupt keine einzige Tasche in den Händen tragen die sie halten können weil Gedankentaschen so schwer sind wie Blei und wie oft reißen die Trageriemen ab und ich habe blutige Hände und brauche Wasser sie zu waschen und suche nach den tiefen Brunnen die Wasser haben nicht nur zum Waschen sondern auch zum Trinken und um damit die Blumen zu begießen die auf dem Fensterbrett auf die Sonne warten und sie warten jeden Tag bis die Sonne herumgelaufen ist und da ist und wieder geht wie sie kam und für eine warme Weile geblieben ist und sich nicht davor fürchtet zu gehen weil sie keine Wurzeln hat wie du und ich und alle Pflanzen Wurzeln brauchen an den Füßen sind sie nicht aber im Kopf sind diese Wurzeln und sie schlingen sich durch alle Adern und Sehnen und überwuchern die Knochen und nehmen sich alle Räume die noch frei sind und lassen nicht los und wiegen mich in den Schlaf mit ihren Gesängen und leiden nicht unter dem scharfen Messer weil sie immer wieder kommen und niemand sie aufhalten kann zu wachsen in meine Zeit hinein und meine Zeit festhalten das ist ein guter Wein der da zwischen den Zähnen steht und lacht und sprudelt und einfach nur ein Freund im roten Gaumen ist und alle Zweifel beseitigt mit einem Schluck und so ist das und so bleibt das aber nichts wird vergehen ohne dieses eine Lachen und ohne dieses eine Sehnen das sich nie erfüllen will weil wir nicht Gott sind und uns fallen lassen müssen in die unbekannten Kissen unseres Schicksals …

Anhörung was ist Anhörung

... und Fischer und die Anhörung das ist wie eine große Schale ausgetrunken ohne Wasser aber mit viel Geist komisch was ist Geist und was ist Berlin ohne Anhörungen nichts ist Berlin ohne Anhörungen und große junge alte Männer und Frauen und wichtige Gedanken aber doch immer auf dem Sprung mit den Gedanken weil keiner wirklich in die Gedankenschmiede schauen kann wo die Gedanken gemacht und geschmiedet werden ist es dunkel und warm und keiner weiß so richtig was das ist über der Stirn und hinter den Augen und den Augenbrauen und den Augäpfeln mit den Brillen über den Augen auf der Nase die nie rutschen nur ins Aus und Abseits von vielen Karten und Menschen die ihre Namen schreiben müssen weil sie nicht anders können als ihre Namen schreiben und immer wieder ihre Namen schreiben im endlosen Namenschaos von unendlich vielen Namen ihren Namen schreiben auf Formulare und reden über unendlich viele Themen und immer dasselbe sagen und denken wie eine Blume aufzugehen am Morgen und unterzugehen mit dem Schiff des Tages in die Tiefen von Schlaf und Entspannung und keine Ahnung zu haben von morgen und den neuen Sätzen und Gedanken und Fragen und einfach keine Lust haben auf immer neue Fragen und immer alte Antworten weil alle Fragen alt sind und wir kennen sie schon und wir lieben sie nicht und wir fragen sie uns selbst nicht jeden Tag wir schauen lieber in die Sonne und auf die Wiese und die Wiese weiß das schon und breitet ihr grünes Kleid für uns aus und auch die Blumen wissen es und öffnen ihre Blüten für uns und merken wie wir nicht verloren sind in diesem großen Kessel mit Turbulenzen immer wieder ohne zur Ruhe zu kommen und wir suchen und suchen und suchen aber wir sind fröhlich und traurig und haben keinen Tag Zeit für die Gedanken von Liebe und Treue und Freunden die über dem Himmel schweben und nicht auf die Leiter steigen können die wir ihnen reichen weil die Stufen zu dünn sind und die Seiten zu mager und überhaupt dieser ganze Körper zu lasch und zu wunderbar und doch nie ohne das Gefühl allein zu sein im Zimmer und in der Welt und anhören müssen und anhören müssen warum und wieso ist das wichtig und keiner weiß und jeder verläuft sich mit seinem Wissen und mit seinen Träumen immer wieder und übersieht die anderen wie sie sich abmühen und genau so sind wie du und ich und immer so sein werden …

Ich vermisse dich

... wie eine Rose die Stacheln vermisst und ein Glas den Wein vermisst und wie die Schuhe die Füße vermissen und die Berge die Wolken vermissen und dann ziehen sie nicht mehr über meinen Kopf die Wolken sondern verwandeln sich in große Bälle mit denen die Kinder spielen können und sie fragen sich wo die Augen Gottes sind und wo hinein seine und ihre Weisheiten gemeißelt sind und sie suchen in den Steinen der Kirchen und sie suchen und suchen aber da finden sie sie nicht sondern sie finden sie in den Herzen und Seelen der Menschen die gut sind aber warum sind sie das und warum meißeln die Menschen Gott in Steine und warum verbergen sie ihn unter Talaren und warum können sie sich nicht lieben sondern müssen organisieren und kritisieren und die Macht suchen in den Augen Gottes und nicht die Güte in den Augen der Ziege die über den Weg läuft um zu grasen und in den Augen von Kühen und Schweinen und Hunden und Katzen und allem was lebt und genauso gut und schlecht ist wie wir und sich frisst und frisst und wer kann das ertragen dass wir fressen müssen und wollen und schlachten zum Leben gehört und wir das tun können und jeder sagt aber ich doch nicht aber das Fleisch auf seinem Teller kann nicht groß genug sein und unersättlich und unbarmherzig zu sein ist normal weil auch der Löwe das Gnu frisst und der Vogel den Wurm und der Adler den Fisch und die Maus und jeder Angst davor hat gefressen zu werden und deshalb machen sie Sport und müssen sich beweisen nicht zu denjenigen zu gehören die gefressen werden sondern die am Ende der Nahrungs- und Erfolgskette stehen und wenn das der Grund für Konkurrenz ist dann will ich kein Mensch sein und doch lebe ich und habe keine Wahl anders zu sein als ein Mensch ist und in allem ein Mensch sein und unter allen ein Mensch sein mit allem ein Mensch sein und doch allein sein im gemeinsam sein und nicht gefressen werden ist eine Gnade und nicht geköpft werden ist eine Gnade und nicht verhungern ist eine Gnade und womit habe ich das verdient und warum bin gerade ich nicht betroffen und dann gehe ich allein in den großen Saal und zünde die Kerzen an und sehe ihren Schein den ich nicht durchdringen kann und der Tag ist warm und schöne Gedanken erwachen und sie fragen mich nach dem Weg in meine Seele und ich antworte ihnen schnell und ohne zu überlegen denn ich weiß sie fragen nicht ein zweites Mal …

Eckig sein und runde Ecken suchen

... ist ein gutes Stück vom Glück wert auch wenn es nicht gelingen kann unter den Bäumen zu schlafen und dabei einen großen Fisch zu essen der nicht im Wasser geschwommen ist über lange Zeit und dessen Gräten aus Gold sind und man kann doch keine goldenen Gräten essen und das Fleisch abmachen vom Fisch nur um goldene Gräten zu sehen die nicht mehr schwimmen können ohne das Fleisch des Fisches und seinen Kopf und den Teilen des Körpers wo die Seele wohnt und sich fragt warum sie vertrieben worden ist aus dem Fleisch in die Luft und sie atmet in der Luft und sucht sich eine Wolke und geht auf der Wolke spazieren und nimmt dich nicht mit wie du da unten an den goldenen Gräten nagst und das Gras nicht siehst und die Vögel nicht siehst und überhaupt kein Mensch bist ohne die grauen Federn und die bunten Girlanden und den schönen Sekt der in deinen geschlossenen Händen perlt wie in einem Fass und der dir zwischen den Fingern zerrinnt und du kannst ihn nicht trinken denn was dir zwischen den Fingern zerrinnt ist nicht zu halten und du fängst es nicht auf es sei denn mit deinen Gedanken die in deinem Kopf ein Zuhause haben sollen und in meinem Kopf ein Zuhause haben sollen gemeinsam mit allen schönen Blumen und Rosen und ihren Duft behalten und ihre Tränen verschließen in bunten Kugeln ohne sich jemals ein Bild davon zu machen und ohne jemals ein schmutziges Kleid in den Schrank zu hängen oder eine schmutzige Hose nicht waschen zu wollen mit Seife und viel grüner Seife aus einer weißen Flasche und das Leben fließt mit der grünen Seife aus der Öffnung und ist verschwunden auf der Reise mit dem Schmutz der sich in den Fluss schmiegt ohne schwimmen zu können über allen diesen weiten Zeiten ohne Mut und ohne Kraft und sich Flügel sucht für die kleine Pause in der Luft und die große Pause in der Erde über allen anderen Tränen gelagert und hinuntergeschluckt mit Appetit und Salz und Pfeffer und überhaupt mit allem an Geschmack was das Leben mir zu schmecken gibt und sich häutet auf der Haut und sich bemalt mit Farbe und sich schmückt mit offenen Augen und fragenden Lippen und immer da ist ohne sich aufzudrängen einfach so wie ein Freund dir guten Tag sagen kommt und dich in den Arm nimmt und die Freude sich in dein Herz drängt ohne sich jemals verlieren zu können und mit der Hoffnung auf einen Kuss und einen leisen Seufzer über den Buchstaben die ich nicht schreiben kann weil mein Kopf sie nicht her gibt und mich gefangen hält und mich hinter den Bergen wie eine untergehende Sonne versenkt in den neuen Tag …

Engelsgeschenke

. . . sind goldenes Haar das nicht braun gefärbt werden
muss und sind wie im Himmel gebadetes Obst aus einem
fruchtbaren Land das wie von selbst von seinen Stängeln
fällt und im Schoß liegen bleibt weil es dort die Wärme
des Lebens spürt und alles was ein Mensch sagen möchte
dort ungesagt verborgen bleiben kann unter den großen
hellen Fenstern macht das Licht sich rar über allem was
dort nicht zu sehen ist im Licht aber trotzdem seine Ge-
stalt behalten will und nicht fortgejagt werden will und
sich aufbäumt um wieder in sich zusammen zu fallen in
einem großen Haufen von Stroh und feinen Sandkör-
nern und diesen eigenartigen kleinen Lichtfünkchen die
das große Licht formen aber es nie sehen können weil
das große Licht dunkel bleibt und sich verbergen mag
hinter den kleinen Funken und schwarz wird und sich
nicht verfärben mag wie in einem Bottich in dem alles
sich verfärbt wenn es hineingeworfen worden ist ohne
Kraft nur mit Geschicklichkeit und keiner schwimmt
darin sondern hat die Nase versteckt und die Hände mit
kleinen Messern zugesteckt wie mit Nadeln und möchte
darauf nicht tanzen gehen und nicht wie im Märchen
mit den Füßen auf Messern tanzen und davon träumen
unter dem Pfirsichbaum zu sitzen und zu schlafen und
dabei doch wach zu sein um die Zeit nicht zu versäumen
die im Schlaf vergeht und doch wichtig ist im Vergehen
das Leben aufzubauen im Bewusstlosen ein Teil zu sein
über den Flügeln gebadet und die nassen Federn kleben
am Körper und unter den Armen hängen sie fest und

bewegen diesen Körper nicht wie ein Vogel fliegen will
im Regen und sich nicht erheben kann mit seinen nassen
Flügeln schwer ist und schwerer wird wenn nicht der
Wind kommt und wenn nicht die Sonne ihn trocknet
und über allen diesen Dingen es nicht Tag und Nacht
geworden ist dann wird es Zeit meinen Koffer zu packen
und eine Reise zu machen mit meinen Freunden und
auf das Boot zu steigen und das Essen zu kochen und
den Wein zu trinken und an nichts anderes zu denken
als daran dass das Leben schön sein kann und seine Ge-
schenke fast einen Himmel bereiten könnten wenn wir
nur fähig wären ihn zu erkennen …

Ins rechte Licht gerückt

. . . ist eine weiße Sache oder eine bunte Sache aber nie keine Sache weil ins rechte Licht rücken ist immer eine wichtige Sache und wichtige Sachen sind immer so wichtig dass man sie nie vergessen darf denn sonst ist es dunkel und wer will schon immer im Dunkeln leben es sei denn er lebt ganz im Norden wo die dunklen Zeiten immer die dunklen Zeiten bleiben weil der Dunkelgott es so will und weil die Menschen sich nicht gegen den Dunkelgott wehren können und weil sie sich auch nicht gegen das Licht wehren können wenn es zu viel wird und sie die Augen zukneifen müssen und die Sonnenbrillen holen und auf die Nasen setzen und sich vor den Spiegel stellen bevor sie aus dem Haus gehen und sich sagen ach wie sehe ich gut aus in der Sonnenbrille und dann sind sie schon ins rechte Licht gerückt auch ohne das Licht und doch nicht im rechten Licht weil das Bild im Spiegel uns nie ins rechte Licht rückt und nie ins rechte Licht rücken kann weil es nicht das richtige Bild vermittelt in den eigenen Augen und in den eigenen Gedanken immer nur eigenen Gedanken und eigene Gedanken sind immer schwach und brauchen Trost weil sie ohne Trost nicht leben können und deshalb brauchen wir das Licht vielleicht deshalb damit die anderen Menschen uns sehen können wie wir wirklich sind und uns Trost spenden können mit ihren Worten und Gesten und ihren Gedanken und wir sehen uns in ihnen wie in einem Spiegel nur wenn sie gute Freunde sind oder auch anders und nicht nur wenn sie gute Freunde sind über dem Wolkenschiff unserer eigenen Gedanken fahren die schnellen Fäden des Glücks ihre eigenen Spinnräder aus und spinnen für uns schöne helle glänzende Fäden und machen uns schöne Gewänder aus Licht und sind immer in unseren Köpfen und in unserem Herzen wie große Geigen oder Harfen im Gewitter von Blitz und Donner die nicht mehr spielen können und wenn der Spiegel zerbricht sind sie einsam und allein und ohne Licht und ohne Gegenbild und sie verlassen uns und sagen adieu und weinen uns nach aber ohne Tränen sondern nur mit Liedern und Versen aus gesponnenem Sinn und Unsinn unseres Lebens ...

Kranke Kinder in den Armen

. . . halten und in müde Augen schauen ist schwer wie Trauer schwer ist und Freude leicht ist und Gedanken in Krankenhäusern immer von Lebenszeit zu Lebenszeit wandern wie das Salz von einer Wagschale zur anderen rieselt auf der großen Waage auf der alle nur ohne Halteseile gewogen werden und die Kraft in den Füßen stecken muss um sich festzuhalten aber die Füße sind glitschig vom Schweiß und rutschig vom Schmutz und die Zeit macht schmutzig und gibt dir nicht viel Seife zum Waschen deiner Füße wenn du sie nicht selbst findest unter den Bäumen und in den großen Sälen voller Kerzen und hinter der Tapete einer einsamen Wand in einem einsamen Haus in dem nur einsame Menschen gewohnt haben bis auf die Augenblicke in denen das Lachen einzog und die einsame Tapete trocknete mit dem Atem der Freude immer nicht in Wasser gezogen werden wollen als Fisch ist schlecht für einen Fisch und nicht fliegen zu wollen ist schlecht für einen Vogel und nicht essen zu wollen ist schlecht für das Leben und nicht abwiegen zu wollen ist schlecht für eine Waage aber Waagen sind nicht so beliebt denn keiner will gewogen werden also suchen wir uns immer wieder Waagen die nicht wiegen wollen und betrügen unser Gewicht und leben gut damit weil wir nicht wissen wollen wie viel wir wiegen nur das Leichte macht uns heiter und froh auf der grünen Wiese voller Löwenzahnblüten eine leuchtend gelbe Wiese und leuchtender als die Sonne an einem dunklen Apriltag der sich bis in den Mai zog und alle sich fragten wo die Sonne geblieben war hinter den Wolken zerstäubt zu wenigen Strahlen als liebte man sie nicht und als gäbe es keinen Schimmel an den Wänden der ihre Wärme braucht und keine Kälte in den Knochen die vertrieben werden wollte und überhaupt die Reste von Schnee noch in den Köpfen steckten und kalt waren und warteten auf ein einziges Lachen und auf ein einziges Verzeihen und nicht nur vor dem Grab stehen und weinen sondern akzeptieren was war und doch nicht vergessen und nicht ein Wurm sein den der Vogel sich holt wie im Film und doch nicht verstehen können warum dem Vogel der Wurm schmeckt dessen Rätsel nicht in die Luft aufsteigen sondern ihren ewigen Platz im Bauch eines zwitschernden wunderschönen Federwesens begraben und verdaut bleiben müssen …

Einen Brief zur Post bringen

. . . ist wie ein Geschenk in ein Stück Papier rollen und nicht selbst auspacken gehen sondern einen anderen auspacken lassen der an dem Band reißt und du kannst gar nicht sehen wie er an dem Band reißt und was für Augen er macht wenn er das Geschenk auspackt und den Brief liest und ob er ihn in die große Tonne des Vergessens wirft und sich nicht mehr darum kümmert wie um einen weggelaufenen Hund den jemand vergisst und auf dem Apfelbaum sucht wo er doch auf dem Birnbaum sitzt und mit den Vögeln zwitschert wo ihn keiner hört weil keiner jemals einen Hund hat zwitschern hören mit den Vögeln und ihn deshalb nicht erkannt hat auch weil das Fell zu Blüten geworden ist und die Äpfel noch Zeit brauchen um zu reifen auf dem Baum und dann fallen sie in das nasse Gras und warten auf kauende Zähne aber kein Apfel wartet wohl wirklich auf kauende Zähne denn kauende Zähne zerstören den Apfel im Kern und im Gehäuse und wenn sich das auf Mäuse reimt dann ist das auch gut so zwischen den Hunden Äpfeln und Mäusen zu sitzen und sich vorzustellen wie die Mäuse mit den Äpfeln Ball spielen obwohl Äpfel keine Bälle sind und Mäuse keine Bälle zum Spielen benötigen weil sie nicht spielen wie Menschen mit allem spielen wenn sie ihren Kopf vergessen und dabei ihre Gedanken entdecken und ihre Gefühle nicht verleugnen und vergraben wie eine tote Maus und sie fressen mit ihren Gedanken und ausspucken mit ihren Blicken und überhaupt keine Lust haben etwas zu tun außer zu schlafen und zu träumen und zu essen und zu lieben und nicht zu hassen über die schwarzen Berge hinweg weil dahinter doch die Sonne wartet und der Weg zur Sonne immer näher ist als wir denken weil die Sonne immer da ist wenn wir sie sehen wollen aber nicht ohne die Wolken und den Eisregen zu zerschlagen mit einem kleinen brennenden Streichholz das nur nach oben brennt und nicht nach unten weil dort keine Luft zum Brennen ist und dabei verglüht das Feuer weil es nichts zu fressen hat und die Sonne lacht das Feuer aus weil es so klein ist als Feuer von Streichhölzern über die auf dem Tisch doch immer wieder nur die Schachtel zugeschoben wird …

Wegweiser

... was sind Wegweiser sind es weiße Spritzer in der roten Suppe in der alles nur kocht und brodelt und alles keinen Augenblick Ruhe gibt und ich doch einen Ort suche an dem es Ruhe gibt und dieser Unruhe nicht entweichen kann und die weißen Spritzer sich als nicht tragfähig erweisen weil sie untergehen und auf Untergehendem kann ich nicht gehen wer kann das schon und will das schon untergehen und versinken in dem Boden unter den Füßen wie in weichem warmen Pudding der noch nicht abgekühlt ist und auf dessen Haut nur eine Fliege mit Fliegengewicht nicht untergehen würde also suche ich mir eine dicke Haut auf der ich stehen kann und in der ich nicht versinke aber wo gibt es die und wer hat die und wahrscheinlich sind es die Häute die sich von uns verabschieden wenn wir sie festhalten wollen mit allen Fingern oder aneinander nähen wollen mit dicken Fäden aus Fleisch die es nicht gibt und deshalb suchen wir nach dicken Fäden und Tauen über den Abgründen und über den Köpfen der Fledermäuse in dunklen Höhlen und wir merken dass sie es lieben in dunklen Höhlen zu leben und zu fliegen aber wir nicht und die dunklen Höhlen brauchen große scharfe Messer um sie aufzuschlitzen und die Sonne herein zu lassen und den Wind und die Weinfässer zu rollen und die Windfässer zu treten damit sie fliegen können und platzen und die Seifenblasen mit Teer zu überziehen geht nicht und die Luftblasen anzumalen ist schwer denn die Farbe verschwindet zwischen den Fingern und ist weg so weit weg ...

Leg was Schweres drauf

. . . damit die leichten Sachen nicht vom Wind ver-
weht werden denn der Wind verweht was er verwehen
will und wenn aus dem Wind ein Sturm geworden ist
dann hat er die Kraft dir alles zu nehmen was du hast
aber nicht alles zu nehmen was du bist und dann ma-
che dich schwer in den Armen des Windes und lass ihn
sich anstrengen beim Tragen damit er spürt dass er uns
nicht alles nehmen kann nur was er eben kann und was
kann schon der Sturm allein nichts kann er allein wenn
ich ihn nicht machen lasse wie das Paar Schuhe das ich
habe und habe doch nicht machen lassen sondern ge-
kauft und ein anderer hat es gemacht wie ein anderer
den Stoff für meine Kleider gemacht hat und die Farbe
für meine weißen Haare und die Ziegel für mein Haus
und überhaupt was habe ich selbst gemacht für mich
ohne die Hilfe und die Arbeit anderer frage ich mich
und streiche die Butter auf mein Brot und harke meinen
Garten und pflanze die Knollen in die Erde die ich auch
nicht gemacht habe und setze die Kerze in ein buntes
Glas damit sie leuchten kann in der Nacht und sie fla-
ckert und flimmert und simmert meine Gedanken ein
mit ihrem kleinen Leuchten wie die Gasflamme unter
dem Topf die Suppe einsimmert und ich denke klarer
und habe keine Lust mich zu bewegen weil die Glieder
so schwer und müde geworden sind im Schein der Kerze
und ich mir wünsche eine kleine Kerze zu sein in der
Nacht oder ein kleiner Stern der vom Himmel aus die
Welt beobachtet und nichts denkt außer dass er ein Stern

ist und die Welt von oben sieht und alles ist klar und leicht und weit und nah und alles schwebt schwerelos nur wir stampfen mit den Füßen auf der Erde und können uns nicht lösen und brauchen Schuhe und warme Strümpfe und warme Kleidung und dann schwitzen wir und ziehen uns aus und schauen uns an und lieben uns nicht und bedecken uns wieder mit gemachten Dingen und festen Stoffen und gebleichten Gedanken die nie in der Sonne waren und nicht grün sind sondern weiß wie das Licht in den Augenblicken von Ewigkeiten über dem blauen Planeten und unter dem blauen Planeten überall nur schwarz und blau und weiß und keine Geräusche es sei denn sie sind vom Wind der Sterne und der Sonne und sie säuseln so süß und schmecken so bitter wie Bitterschokolade und sie lassen sich nicht fangen auch nicht mit Netzen aus Wünschen und Gedanken wie in einer großen Blüte deren Knospen noch darauf warten aufzugehen und zu blühen und zu duften um uns durch das Leben zu tragen …

Meine Augen

... sind meine Augen im Sinne von sehen und nicht sehen und schauen und nicht schauen und nicht übersehen wollen und doch übersehen müssen und alles im Auge behalten wollen und so viel zu verlieren was doch wichtig wäre anzuschauen und nicht nur anzuschauen zwischen den Wimpern hindurch durch diese gallertartige Masse die wir Auge nennen und die so schön und wunderschön sein kann in ihren Farben und man kann darin herumschneiden und sie operieren und sie bleiben doch immer deine Augen und du sollst sie behüten und nicht damit spielen wie mit einem weichen Ball der auf der Straße aufprallt und sollst deine Augen nicht auf der Straße aufprallen lassen sondern sie immer behüten aber wie und warum geht das nicht zwischen den geschminkten Wimpern und braun und schwarz und ich frage mich nicht aber ich denke mir schon und ich mache das auch aber ich schaue im Spiegel in meine Augen wie in ein Labyrinth von feinen Fäden von Fleischwolle und von Fleischadern und das soll mein schönes Auge sein und ist mein und dein schönes Auge das sich nichts vormachen lässt und mich doch allein lässt weil es nicht mehr sehen will wie ich sehen will und mir nur Bilder zeigt die ich nicht sehen will also werde ich blind im Sehen und kann doch alles wahrnehmen und ist das nicht komisch so grenzenlos alles zu sehen bis ins kleinste Detail zu wissen und doch nichts tun zu können außer damit zu leben und zu atmen und die Füße zu bewegen auf schwammigem Grund wie auf einem Teppich aus

Pilzen der unter meinen Füßen wabert und ganz leicht schwankt wie auf einem Moor und ich habe Angst darin zu versinken aber ich halte mich fest an den Fäden meiner Augen denn sie lassen mich nicht gehen und sie sind stark genug mich festzuhalten auf dem weichen Teppich und mir immer wieder zu sagen dass die Zeit noch nicht vorüber ist und dass mein Weg noch nicht zu Ende ist und dass ich noch schauen muss und atmen soll und die Pilze noch wachsen sollen unter meinen Füßen und der weiche Teppich mich aufnehmen kann wie ein weiches Bett auf dem ich liegen kann und mich entspannen und schöne Lieder singen mit meinen Freunden und mich in den Arm nehmen lassen von meinen Träumen und immer sauber auf der Decke liegen die mit Rosen bestickt ist und die Blätter ranken sich nicht und die grünen Punkte auf den Blättern tanzen im Wind und nehmen die Sonne auf wie eine Freundin und sie können so viel mehr als mein Geist sich vorstellen kann und ich traue ihnen zu die Welt anzumalen in ihren Farben wann und wie immer sie wollen und ich bin dazu bestimmt zuzuschauen nicht mehr und nicht weniger und so ist es und wird es immer sein …

Fragen an Freunde

… hast du immer wie Blumen im Rasen wachsen und Salatköpfe unter deinem Messer zu feinen Streifen werden weil du deine Fragen zerschneiden musst mit deinen Gedanken und in feine Streifen und Portionen teilen weil sonst keiner sie versteht und du fassungslos bist weil keiner sie versteht selbst deine liebsten Menschen nicht aber sie nehmen dir das Messer nicht aus der Hand und sie kaufen mit dir keinen Salat zum Zerschneiden und sie essen mit dir keine fünf Säcke voll Sonnenblumenkerne auf der Ofenbank und sie verstehen nicht obwohl sie verstehen wollen denn ihre Gedanken sind nicht bei dir und deine Gedanken sind nicht bei ihnen und ihre Fragen sind Kinderfragen und ihre Gedanken sind Kindergedanken und das ist gut so und gut zu wissen über allem was weiß und schwarz ist und noch nie Farbe gesehen hat und noch nie bunte Kugeln in den Zweigen und nie schöne weiche Kleider um die Beine gespürt hat ohne feste Gürtel und Schnallen und den Duft von frisch gewaschenen Haaren und den Duft von frisch gebackenem Kuchen überall in den Kleidern die wir in die Sonne tragen und in den Wind ohne die Sterne zu sehen und ohne eine Ahnung zu haben von Träumen und die Realität ist so schön in aschgrau und am Morgen geht sie über in rosa und dann in blau und später in weißblau und noch später in fedrigweißes Blau und so fort und so fort bis nichts mehr da ist von meinen Gedanken und sich nichts mehr verbinden kann mit Draht und mit diesen grünen Schleifen und die roten Rosen bleiben stehen in ihrer Vase und sie verwelken nicht sondern sie treiben neue Knospen ohne Erlaubnis dafür zu haben und das ist grotesk und fast schon komisch als wenn eine Rose Erlaubnis bekommt zu blühen und ihre Blüten sich nicht entfalten können nach ihrem eigenen Wunsch und so soll es sein aber angebunden und gebunden an das Holz ohne das nichts ist was wächst und das sein Geheimnis behält über die Jahreszeiten hinaus bis in mein Auge gewachsen und gesehen und nicht vertrieben und getrübt sondern nur ein Blick für mich wert gesehen zu werden und nie wieder in Vergessenheit zu geraten …

Hagel im Frühling

... fällt mit Kraft auf die jungen grünen Blätter und macht klar dass die Gewalt sich nicht hemmen lässt mit guten Worten und guten Wünschen denn der Hagel fragt danach nicht und zerstört meine jungen Blütenträume in wenigen Minuten eifrig und ohne Schuldgefühl zu haben kann ich das nicht begreifen wie ich nicht begreifen kann dass die jungen Triebe am Busch schon wieder über den Weg gewachsen sind und ich diese grobschlächtige Schere nehmen muss um sie zu beschneiden und was ist beschneiden anderes als mich durchsetzen im Grün und das ist so einfach wie einen Fuß vor den anderen setzen und ein Glas nehmen und trinken und nichts verschütten aber gerade das ist nicht einfach und erfordert so viel mehr als ich weiß weil mein Körper mich gehen macht und mein Körper mich schneiden macht und ich nichts dazu tun kann wenn es so ist im anderen Fall fallen die Knochen durcheinander wie Nähnadeln oder wie Nägel oder wie lange Stangen die sich nicht halten können und das ist nie ganz richtig und nie ganz falsch und niemals nur Gerede sondern das kann die Nase fühlen in der Luft und die Augen sehen selbst wenn sie geschlossen sind und das Gras fühlt wenn es getreten wird und ich frage mich wie ist getreten werden für Gras und sich aufrichten für einen Grashalm und sich nicht treten lassen geht nicht wenn das Gras gerade auf dem Weg liegt dort wo es getreten werden wird überhaupt ist das rote Tuch dort auf der Erde und die schwarzen Schuhe stehen noch immer im Keller und keine Bürste zum Putzen und keinen Lappen zum Reiben aber der verlangt auch nicht nach mir und meinen Fingern warum sollte ich dann diese Arbeit tun einfach so tun weil sie getan werden muss und hinter den Fingerkuppen pulsiert das Blut in rot und rosa wie auf einer Autobahn durch meinen Körper und den Druck halte ich aus und frage den Druck warum er so stark ist und die Adern auseinander treiben will und sie halten uns so fest und geben nicht nach ein ganzes Leben lang und sie treiben keine Blüten nach außen sondern nur nach innen auf langen Wegen machen sie viele Kurven ohne die Bäume zu sehen gegen die zu fahren der Wind mir nicht erlaubt weil er mich zur anderen Seite treibt und die Räder ihm folgen in einer Rille aus Gold und immer wieder sind da die anderen Gesichter über den Schatten mit ihren Masken und nur die Augen sind zu sehen aber die Augen sind Türen durch die es in eine andere Welt geht wenn man klein genug ist durch die Augen zu gehen und dann von innen die Welt zu betrachten und zu denken wie groß sie scheint entgegen der Adernwelt und der Bakterienwelt und der Virenwelt und dort ist alles so klein und noch kleiner als klein und ich versinke in meiner Kleinheit und gebe dem kleinen Universum in mir Raum noch kleiner zu sein und zu werden und ich verliere mich in dieser Kleinheit und denke nicht mehr mit Buchstaben sondern nur noch mit Seufzern …

Auf der Autobahn

. . . sind die Wege lange Wege über dem Asphalt und im Regen oder bei Sonne und die Menschen schwitzen sitzend in ihren stehenden Kisten und haben keine Sonne mehr nötig und die Geschwindigkeit ist Teufelswerk in ihrem Sinn wie Schnecken einen Sinn für Geschwindigkeit haben in ihrem Sinn und in ihren Fühlern von Schleim und klein sind sie und viel zu klein um beachtet zu werden und viel zu hässlich um bewundert zu werden aber viel zu schmackhaft um nicht gegessen zu werden wenn auch nicht überall und wer denkt schon an Geschwindigkeit wenn er eine gekochte Schnecke mit Knoblauchsauce auf dem Teller hat und sie in den Mund steckt als Delikatesse ganz langsam und sie sich zwischen den Zähnen schmecken lässt wie über eine Autobahn zu fahren und sich die Geschwindigkeit schmecken zu lassen in einem Traum von in der Welt sein ohne beschränkt zu sein dabei gibt es nicht nicht beschränkt sein und jeder weiß das aber jeder wünscht sich es nicht zu sein nicht zu sein in einem Käfig aus Fleisch oder in einem fahrbaren Käfig auf vier Rädern der den Käfig aus Fleisch transportiert wohin er will und dabei wunderbar sitzen kann in wunderschönen Autos von denen nur zu träumen ist weil keiner frei ist von Träumen vom Glück auf vier Rädern weil wir Menschen es sind die träumen und das Glück hat so viele Gesichter und fährt nicht hinterher sondern begegnet nur zufällig und unerwartet und hat keine Angst vor der Zeit und keine Angst vor der Hässlichkeit und keine Angst vor Krankheit und

ist nicht müde vom Laufen und Tragen und Finden
wo sonst niemand mehr etwas findet und diese Wege
kennen alle auch wenn sie nicht darüber sprechen das
müssen andere für sie tun und die anderen haben einen
guten Willen oder einen schlechten Willen und sie sollen
sich nicht herausreden mit schlauen Argumenten weil
am Ende die schlauen Argumente nicht zählen auf dem
Abakus des Lebens es sei denn sie haben deine Seele be-
rührt und ihre Schlauheit war nicht schlau sondern klug
und die Klugheit weise und dann ist es gut ...

Fünf Finger an der Hand

• • • und nichts zum Anfassen Berühren Lenken Hätscheln Streicheln Arbeiten Nähen Stricken Schreiben oder doch nur nicht gewusst bewusst in allem was so ist und fliegt und steht und mich berühren will im Inneren und doch auch im Äußeren mit der Kraft von Kochlöffeln und Pinseln und diesen großen weißen Tüchern am Haken neben dem Herd die so dreckig werden vom Abreiben der Finger mit den fünf Nägeln geschnitten und poliert und ohne Farbe die so stinkt und schöne rote Striche auf dem Taschentuch macht wenn man sie wegwischen will über den Augen ist sie nicht gut und am Körper auch nicht nirgends eigentlich über dem großen See und über den langen Messern im Grünen von Bäumen und Blumen und der Einsamkeit unter dem Himmel in der Nacht mit seinen Sternen und dem glatten Wasser glatter als glatt und geheimnisvoll mit den Nebeln verbunden die am Morgen über das Wasser gleiten und ziehen und schweben und kräuseln wie fade weiße Wolken an einem unendlichen Himmel ohne Flugzeuge und ihre weißen Streifen unter den unsichtbaren Sternen und über dem See und den Vögeln und den Menschen im Tritt und Schritt auf der Bank an der Brücke wenn sie lesen reden und erzählen und sich nie alleine fühlen weil sie nicht alleine sind mit sich und den anderen und dem Wind auch in den Haaren und unter dem weiten Rock ohne Strümpfe warum auch Strümpfe in der heißen Sonne wo man sie nicht braucht nichts braucht von der Wärme in der Wolle und im synthetischen Garn glattgezogen bis unter die Taille die die Haut so glatt macht wie den See nur die Sterne fehlen und die Freunde mit ihren schönen Gedanken und freundlichen Reden und das Essen machen und das Fleisch schneiden und alles servieren wie zu einem Fest mit guten Gesprächen und die Seele fliegt über den Köpfen und erzählt von ihren Träumen und man fühlt sich nah und geborgen auf dem schwankenden Planken des Bootes das nicht schwankt weil das Wasser so fest steht wie eine Eiche in der die Vögel ihre Nester bauen und nichts verstehen vom Wasser aber vom Wind und dort finden sie sich wieder mit ihren gelenkten Schritten beim Fliegen im Grauen und im Blauen über der Welt wo nichts dich vergisst und verzagen lässt mit dir und der Welt und einfach nur deine Gedanken ins Unendliche gleiten wie der Nebel wenn er Nebel ist und nichts als Nebel in deinen Gedanken sich legt und ruht und schlummert wie in der Seele eines Geliebten gefangen mit dem roten Feuer und dem blauen Traum vom Glück der Berge die dem Himmel so nah sind und doch so kalt …

Im Weltraum

. . . geht deine Sonne nicht auf weil dort so viele Son-
nen sind zu denen du nie kommen wirst und die nie
eine Bedeutung für dich haben werden außer du kannst
sie pflücken wie einen Blumenstrauß und malen wie ein
kleines Kind das den Pinsel in der Hand hält und nach
der großen Insel sucht auf der Sterne und Blumen ge-
meinsam wachsen was es gibt in den Abgründen deiner
Seele die von der Sonne beleuchtet so schön sind wie ein
Rosenstrauß ohne Dornen die mit dem scharfen Messer
abgemacht worden sind von einer liebenden Hand ohne
Handschuhe und Angst sich zu verletzen an den Fingern
und an den Nägeln und an der Haut des Elefanten die so
dick ist dass keiner sie wirklich durchstechen kann mit
bösen Worten aus Habgier oder am Fenster sitzend mit
der weißen Schwester mit der du gestern über den Berg
gegangen bist und die so starke Arme hatte und dich
gehalten hat als du abstürzen wolltest und nicht abge-
stürzt bist nur ein bisschen in den Schoß eines großen
blauen Sees mit vielen Rosen darauf und die Fische so
bunt und kalt ohne Flossen waren sie aber mit großen
Rädern an den Seiten wie Schaufelräder an den Damp-
fern mit denen es geschaufelt über den Fluss geht da wird
der Fluss geschaufelt und zerfließt im Schaufeln und die
Menschen lachen und sind fröhlich und denken nicht
an morgen und an übermorgen und an überübermorgen
weil sie keinen Plan haben denn den macht das Leben
selbst nur sie wissen es nicht und sie fühlen es nicht nur
manchmal wenn der Wind über ihre Wangen streicht

und die Erde unter ihren Füßen reibt dann wissen sie
es auch bei jedem Kuss und bei jedem Schluck Wein
manchmal wenn es zu viel Wein war und der Kopf seine
eigenen Tänze tanzt dann wissen sie es auf eine Weise die
sie nicht kennen nur ahnen und die ihnen keine Angst
macht weil es keine Angst ist und keine Freude nur Er-
staunen und Hilflosigkeit und Erschrecken und Weglau-
fen mit angenagelten Schuhen in die Endlosigkeit ohne
Anfang und Ende einfach so ohne ein Ziel und doch
nicht ohne Grund in die Ewigkeit hinein …

Krieg in den Herzen

. . . ist ein unendliches Thema von Leid und Leid und leiden und leiden von Menschen und ihren Kummer immer tragen zu müssen und nicht zu wissen warum macht keinen Unterschied denn Leid ist leiden und wer kann das lindern wenn es geschieht und wie kann die Zeit die Wunden heilen die so viele Jahre und so viele Tote geschnitten haben bis auf die Knochen und bis in die Seelen und das ist wie ein langes Band ohne Ende und niemand kennt das Ende und viele suchen das Ende und wollen das Band durchschneiden aber es gelingt ihnen nicht wie es auch nie mit Worten gelingen kann dem Gefühl von Menschen Gestalt zu geben über den Gefühlen und die haben es einfacher ohne Schmerzen zu erleiden und die Schmerzen schneiden tief viel tiefer als ein Fisch sinken kann und viel höher als eine Taube fliegen kann weshalb die Frage immer eine Frage bleiben wird und das Entsetzen immer das Entsetzen bleiben wird und das Nichtverstehen das Verstehen unter den Schirm zieht und versucht mit ihm wilde Feste zu feiern an denen alle teilnehmen weil sie so müde sind und ihre Gedanken so müde sind wie kranke Flügel und müde wie traurige Clowns und müde wie verstummende Sänger und müde wie nicht mehr betende Priester und Pfarrer und Schamanen und diese großen Hände packen zu und haben die Kraft die Wunden zu nähen und immer wieder nach den Fäden zu greifen die die Wunden nähen können die nicht in Reichweite sind und so schwer zu sehen und zu erreichen und doch nicht dabei gefangen werden können von den schwarzen Adlern deren Augen die Luft durchkämmen bis auf den kleinsten Tropfen Blut und das kleinste Lebewesen erhaschen das nicht entrinnen kann wie dem Blut keiner entrinnen kann der lebt und es doch leugnet wie alles geleugnet werden kann mit der eigenen Stimme und dem eigenen Zweifel an den großen Gedanken die von den kleinen immer wieder gedemütigt werden weil sie nicht in die kleinen Löcher passen und sich selbst nicht vergessen können für andere und sich immer wieder auf der großen Leiter versteigen und von Stufe zu Stufe hasten auf Stein oder Marmor oder Holz und die Füße sind in Eisen geschlagen deshalb gehen sie so schwer und sie wünschen sich Flügel zum Fliegen um von der Leiter direkt in den Himmel zu kommen den aber keiner von ihnen gelernt hat zu buchstabieren in seiner Sprache nicht und in einer fremden Sprache nicht und niemals gesprochen und gestottert im Fallen von der Leiter auf den harten Boden dieser Erde die ihre weichen Orte verborgen hält und sie nur den Suchenden zeigt mit leuchtenden Fingern und schwebenden Beinen und lachenden Augen die im ewigen Schwarzen ihr Licht finden werden …

Schnee in den Augen

. . . und Himmel über dem Kopf und Kälte in den Füßen ohne Schuhe um die Zehen und ohne Gedanken an warme Länder und schöne Landschaften dabei mit dem Kopf durchaus in dem Tal in dem man die Bienen in den Bäumen summen hört und die Menschen in den Häusern singen hört und gerne mitsingt und eingeladen wird zum Essen und eine Geschichte erzählt von alten Tagen und sonnigen Gedanken und Geschichten zum Lachen mit denen jeder glücklich ist und gerne zuhört und nicht beginnt zu weinen und zu klagen denn das soll das Leben nicht bestimmen und dich lähmen trotz der traurigen Gedanken in den engen Röhren von Zelle zu Zelle in deinem Gehirn wenn sie sich verbinden und trennen und dir immer wieder ihren Rhythmus aufzwingen wollen denen du aber freiwillig nicht ihre Macht geben wirst weil du stark bist und deine Verzweiflung dir nicht den Schlaf raubt und du ihr Schicksal lässt wo es ist in aller Liebe und Treue und ein Recht hast auf deine Gedanken und die Tage für dich in deiner Kammer ohne die ewigen Redereien und das Gezänk und das Gewäsch wie von kleinen Kindern immer wieder verteidigt was nicht zu verteidigen ist ohne dass man sich lächerlich macht vor sich selbst und den grauen glänzenden Zellen in deinem Kopf die immer wieder in sich selbst versunken nur teilweise deine Herren sind wenn du sie lässt und wenn du ihnen Raum gibst verteilst du deine Liebe an alle mit aller Kraft ohne sie wirklich einzusetzen weil sie da ist aus sich selbst heraus ohne gezwungen zu werden und weil sie in Jahrtausenden bewiesen hat wie stark sie ist und wie man ohne sie nicht leben könnte und ohne sie sich an dem eigenen Atem verschluckt und im eigenen Blut ertrinkt und im eigenen Hass zerfließen würde zu schwarzem Brei zu schwarzem Seelenbrei ohne Hoffnung und Zuversicht nirgendwo und das können wir nicht tun ohne Reue und deshalb sind die Wolken so weiß wenn sie uns zu den Engeln tragen und nicht schwarz und klebrig sondern leicht luftig zart und süß wie Honig im Gebälk alter schöner Häuser in denen man gerne lebt weil sie viele Seelen haben die Ruhe und Glück verbreiten und keine ewige Rastlosigkeit und Hetze im Herzen und im Körper die uns vernichten wenn wir ihnen nichts entgegensetzen werden außer unserer Schwäche und Ratlosigkeit ...

Schneeige Gedanken

. . . über dem Schneeschieber machen sich gut im Ge-
wirbel von Flocken und die Flocken flocken dich ein in
ein weißes Gewand voller Kristalle und Kristallgedan-
ken werden wach in ihren eckigen Kleidern voller Glanz
und Licht und auch mit Kälte nicht kalt sondern warm
und fließend wie ein weißer Lavastrom der vom Himmel
fließt in die braune Erde und geschoben werden muss
mit eisernen Händen festgeklebt an eisernen Schaufeln
und ohne Ränder auf der Haut weil die Haut fühlt wie
ein Kaninchen sich anfühlt und sein Fell ist warm und
seidig und glatt und die Bäume beobachten mich wie ich
ihnen das Futter bringe in diesen engen Käfig und ohne
Freude füttern ist es nicht gut aber wenn sie sterben ist es
gut wie alles Sterben gut ist wenn es gut ist ohne Schnee
in der Seele und Eis im Kopf und warme Hände auf der
Schulter und immer noch in Gedanken ganz weit unter
der lebenden Eiche als Kind im Chor und gesungen und
wie hieß er noch der Lehrer mit der sportlichen Eleganz
den alle mochten und der sich scheiden ließ um eine
Kollegin zu heiraten und wieder ist alles in Unordnung
deshalb und die neue Ordnung kannst du noch nicht
sehen und sie bildet sich langsam wie eine Schnecke um
zu bleiben wie eine Festung um gestürmt zu werden wie
eine gedeckte Tafel vor der hungrige Menschen stehen
und essen wollen und wieder machen sie aus der Ord-
nung Unordnung und die Nahrungsmittel vermengen
sich in ihren Mägen und die Köche müssten traurig sein
weil ihre Ordnung zerstört wird durch das Essen und

die Magenordnung interessiert sie nicht und die neue Körperordnung auch nicht und auch nicht wie es endet und wo es neu beginnt und wer die neuen Rezepte ausdenkt und sich hinter die Gedankenbrücken steckt und vergisst und doch nicht kochen kann was nicht gekocht werden kann weil keiner das Unkochbare kochen kann und schon gar nicht ohne Töpfe ohne Messer und Löffel zum Umrühren wie überhaupt alles immer wieder umgerührt werden muss in der Puddingschüssel und wehe du rührst den Pudding nicht um dann kannst du ihn nicht essen und nicht schmecken und keine Gedanken darüber machen weil du lieber Früchte magst die du nicht umrühren musst außer in der Kompottschüssel und das ganze Leben ist eine Kompottschüssel voller Früchte und wir sehen sie nicht wir sehen nur die Clowns mit ihren bunten Gesichtern und fragen sie nach dem Weg und sie tanzen ihn uns auf dem Seil vor und wir wollen ihnen folgen aber wir vertrauen ihnen nicht denn wir zweifeln das Seil an über das sie uns führen wollen aber sie lachen und halten uns bei der Hand und über dem Abgrund liegt Schnee aber nie mehr haben wir Angst und wir sind geborgen auf dem schwankenden Seil und das nennen wir Freude und Glück und Selbstvertrauen und Vertrauen in etwas Fremdes das wir nicht begreifen werden aber dessen Schein und Gestalt schon immer über dem Abgrund auf uns gewartet hat …

Warten im Kopf

... worauf frage ich mich und warum warte ich überhaupt im Kopf und mit allen Gedanken und mit jedem Atemzug vergeht das Warten in der Zeit und ich weiß nicht mehr wie lange und wie sehr und auch nicht ob die Schleife einmal zu Ende geht in der sich das Leben verdreht und auf die schönste Weise weit und mächtig über meinen Gedankensee fegt und Wellen macht und ich die Wellen mit dem Atem aus meinem Mund bis in die Unendlichkeit treiben kann in der nichts mehr zu sehen ist außer dem Rand des Horizonts hinter den zu blicken das große Geheimnis bleiben wird und wenn die Nebel mich mitnehmen dann kann ich ihnen die Geschichten erzählen die im Nebel bleiben müssen weil es meine Geschichten sind die keinen etwas angehen außer ich selbst will sie hören und erinnern aber das tut weh und macht nicht immer glücklich und so bringe ich lieber einen Blumenstrauß an die Plätze meiner Trauer und höre die Stimmen die mit mir reden aus dem Nichts und wir lachen miteinander denn das Lachen vergeht nicht in der Zeit und die Freude bleibt wenn sie ein festes Haus hat das mit Steinen gebaut ist und nicht mit Stroh wie im Märchen von den drei Schweinchen mit denen die Farbe rosa eine Verbindung eingegangen ist aber Verbindungen können sich auflösen und einlösen in die andere Welt in der sie zerfließen und niemand sie festhalten kann eher schon einbinden in die Gedanken die kommen und gehen und sich verschachteln und verweben und ineinander stapeln wie durchsichtige Kisten

in die man hineinschauen kann und die Inhalte sieht
und doch nicht weiß wie sie zueinander kommen sollen
und keiner diese durchsichtigen Mauern durchstoßen
kann …

Mit allem verbunden sein

. . . ist ein starkes Band das nicht reißt wenn eine große Schere es durchschneiden will und das nicht reißt wenn scharfe Zähne es durchkauen wollen und das nicht reißt wenn Augen hinter klugen Brillen dich unsicher machen dein Band festzuhalten weil es dein Band ist und du fühlst es mit deinem ganzen Körper dass es dich bindet mit weicher Strenge und mit warmer Güte und mit hellen Strahlen über der Stirn die aus Luft gemacht sind und aus starker Luft gewebt sind und aus nichts als völliger kräftiger Luft gewebt sind die nie etwas fallen lässt und nie etwas durch ihre Arme gleiten lässt sondern immer eine Decke bereit hält und immer ein Netz gespannt hat und immer wach ist wenn ich schlafe und träume und mein Feld bestelle mit einer Schaufel und einem harten Besen für die feinen Sandkörner die sich in feine Ritzen fegen lassen in denen feines Gras wächst und über den Rand wuchert im Sommer und nichts weiß vom Herbst und der scharfen Schere des Gärtners und nichts weiß vom bösen Trank des Giftes das in der Flasche lauert wie eine Löwin im hohen Gras und wie ein Adler in der Luft über dem See und wie die schöne Frau in roten Schuhen auf ihrem weiten Weg durch das Leben mit Tränen in den Augen und einem Lächeln in den Falten überall an ihrem Körper lächelt es in den Falten und das Leben kitzelt sie mit Wonne und macht sie lachen und hüpfen in den hohen Schuhen ohne Schwielen an den Zehen und schönen Nägeln und keine Strümpfe immer ohne Strümpfe durch die Welt auch wo es kalt ist macht es eine kalte Nase aber das weiß sie nicht denn ihre Nase ist eingewickelt in Gras und angemalt mit Marmelade und bestreut mit Schokoladenstreuseln und immer muss sie niesen und lachen und das ist schön unter der Sonne und unter dem Himmel und zwischen den Engeln die ihre Flügel putzen müssen von der herumfliegenden Schokolade und sie lachen und freuen sich und sind fröhlich und denken nicht sondern fliegen in Gedanken und denken nicht sondern singen in Gedanken und feiern ein Fest unter den Wolken und fliegen auf die Erde und setzen sich auf meinen Kopf und kraulen mir die Haare mit dem Wind und ich fühle wie sie sich amüsieren auf meinem Kopf die leichten Gesellen und ich verwehe sie nicht aus meinen Haaren sondern färbe sie mit Gold und Silber ein und frage sie nach der Asche und sie antworten mir nicht sie säuseln nur davon und nehmen die Schokolade mit und vom Himmel rieselt ein feiner Staub und macht die Erde braun …

In der Zwischenzeit

. . . bin ich bei mir wie eine Blume in der Erde steckt
und nicht weiß dass sie wächst und am nächsten Morgen
wieder all ihren Duft ausströmt und sich nicht fortbe-
wegen kann von ihrem Platz und keine Angst hat sich
zu verwurzeln weil der Boden zwischen ihren Wurzeln
sie wie mit liebevollen Armen festhält und wer will sich
schon von einem Ort fortbewegen an dem er liebevoll
festgehalten wird und die Tränen keinen Raum finden
und die Ängste sich zum Träumen vergraben haben
zwischen den Wurzeln und die Welt ist wie ein großes
warmes Wasserbecken mit Korallen und friedlichen
Haien hinter deren Spuren im Wasser kein Fressen
und kein Tod steckt und kein heißes Wasser die Finger
verletzt und kein blaues Eis auf meiner Seele liegt und
sich weigert aufzutauen nicht im Sommer und nicht im
Monsun von warmen Tränen die schön sind und keine
Eile haben und im schwarzen Sand nicht zu sehen sind
der über den weißen Tüchern liegt ohne Hast und Eile
und immer wieder schnell zu sein und noch schneller
zu sein und die Geschwindigkeit nicht mehr zu spüren
sondern nur noch blitzende Lichter und blitzende Farben
und nichts als das das ist doch kein Sehen wenn alles
so schnell ist und die Füße nicht einen Schritt vor den
anderen setzen können und der Kopf schwindlig ist vor
Drehen und Bewegen und Kreisen und Schütteln und
keine Ruhe einkehren kann bis der Schlaf kommt und
mich erlöst vom Denken und sogar vom Träumen und
einfach nur sein und nichts haben außer mir und dir

und alle die ich liebe sind vorbeigezogen auf leichten Sohlen um mich nicht zu stören und mir nur wie ein Windhauch gute Nacht zu sagen in der Zwischenzeit zwischen Wachen und Schlafen wenn der Schlaf seine Macht ausübt und über den Kopf schwebt und sich noch nicht traut in meine Locken zu fahren und meinen Kopf zwischen seine ruhigen Hände zu nehmen und mir immer nur leise Geschichten erzählt und mich wiegt wie ein Baby an der Brust meiner Mutter an ihrer weichen Haut damals vor der Zeit von heute und vor den kommenden Zeiten und so schön getragen zu werden wie ich getragen werde in meiner Seele und von meinen Träumen über allem ohne Wolken und ganz fest mit den Füßen auf der Erde genießen was ist und doch bereit sein abzuheben in den Himmel den ich nicht kenne und die Welt in die wir eintauchen ohne Atem zu holen …

Wenn die Welt voller Clowns wäre

. . . dann hätten die Clowns nichts zu lachen denn wer kann schon immer lachen oder ist es mit dem Lachen einfach so wie mit dem Schneeschieben je mehr du davon hast umso schwerer ist es ihn auf eine Schaufel zu bekommen aber was ist die Schaufel in deinem Kopf wenn du lachst was reitet auf deinen Gedanken und lässt dich fröhlich werden wie in einem Saucengefäß mit scharfer Sauce wenn du dir die Zunge verbrennst und keiner einen Schluck Wasser für dich hat und auch keinen Wein und der Wein steht auf dem Tisch und du trinkst ihn gerne und berührst ihn als wenn du ihn küssen willst und er lässt sich nicht küssen sondern will getrunken werden weil er von sich selbst nicht getrunken werden kann und von sich selbst nicht betrunken werden wird wie die Schere nicht von sich selbst geschnitten werden kann und die Musik nicht von sich selbst gemacht und gesungen werden kann und das alles nicht in einer Spur läuft und nicht in einem Kanal mündet auf dem man nur mit Booten fahren kann und diese Boote müssen groß genug sein für dich und für mich und für unsere Gäste in dem Boot auf dem grünen Wasser durch die bleichen Häuser an deren Wänden der Efeu meterweise herunterwächst und nie geschnitten wird und das Pferd auch den Efeu nicht frisst weil Pferde keinen Efeu fressen aber der Efeu kann sich um ein Pferd wickeln und wie sieht dann das Pferd aus wenn der Efeu sich um das Pferd gewickelt hat und alle das Pferd ansehen und keiner mehr das Pferd sieht sondern nur die grünen Blätter die sich auch nicht sehen können und in der Brühe schwimmen gehen wollen und nicht wissen was eine Brühe ist und dann ist da noch der große Hammer für die kleinen Nägel und der kleine Hammer für die großen Nägel und sie schaffen das schon mit den Gegensätzen und lassen sich nicht beirren denn ihr Leben ist schön und bunt und sie haben keine Angst vor Gegensätzen höchstens vor den schwarzen Tasten auf dem Klavier oder den silbernen Strahlen des Mondes wenn er nachts durch das Fenster scheint und dich auffordert mitzukommen und du denkst ich kann aber nicht fliegen und du kannst doch fliegen und vergisst dass du ein Mensch bist der nicht fliegen kann und steigst auf den Strahl und gehst durch die Luft und du frierst nicht ein bisschen sondern hast einen warmen Pullover an mit dicken Ärmeln und du schaust nach unten und das Herz geht dir auf über den hohen weißen Bergen weil sie so schön sind und noch schöner als schön und du bist glücklich zu leben …

Wind in Sonne

... über dem das du hast aber keine Ruhe im Kopf mit Füßen und Bauch bei dem der das gemacht hat über den Wolken ohne zu fliegen mit einer Wolke oder einem Engel aber triefend in Senfsoße ohne Eier im Kochtopf unter den Leuten in der Wohnung und im Haus der Verwandten im Garten voller Blumen immer nur Erde und Sand und Blätter und Ängste zwischen den Zweigen steigst du auf die Spitze mit deinen dünnen Beinen und den goldenen Schuhen ohne Herz und Verstand und ohne zu beten kannst du die Lieder singen voller Hoffnung und Liebe und falsch wie ein verstrickter Pullover über den nackten Schultern aus Seide mit Wolle in bunten Farben malst du kein schwarzes Bild auf den Spiegel deiner Sehnsucht im Sommerkleid mit den roten Tupfen und dem weißen Strohhut verziert mit einer roten Nelke die sich hält in der Kälte zwischen roter Grütze und Vanillesoße einsam und gesellig unter den lustigen Früchtchen die ohne die Kirschen nicht rot sind wie das weiße Blut der Banane in der Schale eines großen Koffers und einer geriebenen Walnuss über den Dächern von Celle und Celle und Celle mit dem kleinen Kirchturm ohne helle Fenster und stickiger Luft auf harten Bänken in brauner Farbe ohne Kissen aus Budapest im Wiener Dialekt auf Rollschuhen geradelt unter den Rasen gepflügt im einsamen Springbrunnen nur unter Fremden begraben wie in einem Schafstall ohne Mist mit einer warmen Decke aus Texten ...

Es gibt Menschen die sind wie Kitt

... zwischen Menschen und kleben sie mit ihrer Kraft zusammen und keiner fragt woher die Kraft kommt denn die Kraft Menschen zusammen zu halten ist nicht messbar nur spürbar über die Menschen hinaus und jeder saugt daraus und keiner spürt es und jeder bedient sich daraus und würdigt es nicht mit seinem Mund und mit seinen Taten sondern ist einfach nur wo er ist ohne Gedanken gedankenlos ohne Gefühle gefühllos und ohne Worte wortlos so wie lose Gedanken lose sind und ich mir nicht vorstellen kann in einer Gondel zu sitzen und über den Canale Grande zu fahren ohne zu singen und bei mir zu sein in allen Zeiten meiner Liebe und allen Farben meiner Seele und nie darunter zu schwimmen und das Boot von unten zu sehen während ich oben darin sitze mit einer Maske aus Gold und Silber und schwarzen Perlen und jeder der jemals durch Venedig gewandert ist weiß wovon ich rede und schreibe und weiß was die Faszination der Geldgierigen in den Restaurants mit coperto und anderen heimlichen Tricks ist und trotzdem ist diese Stadt so unvergleichlich schön und romantisch wenn es nur nicht so teuer wäre sich in Venedig zu bewegen und zu genießen und zu flanieren in den nächtlichen Gassen wo die schwarzfarbigen Männer ihre Taschen des Glücks verkaufen und uns glauben machen wollen dass alles echt ist und nicht getürkt und nicht einzig ausgerichtet auf unser Geld das wir mit uns spazieren führen wie einen Hund und jeder nach dem Hund schielt und die Gaben des Hundes haben will und keiner weiß dass es Menschen aus Kitt gibt die alles zusammen halten und zusammen halten wollen und es nicht schaffen und immer wieder versuchen und der Weg ist schwer und die Spur ist hart und die Gedanken sind sperrig und sind Fragen nach dem rechten und richtigen und einzigen Weg aber du kannst ihn nicht benennen und seine Richtung nicht sagen und bist trotzdem zufrieden unter den Bäumen des Glücks und ihrem Schatten ihrem Trost und dem weißen Kleid auf den Schultern den braunen Schuhen und dem guten und fröhlichen Lächeln das mich nie verlassen soll und dich nie verlassen soll …

Im Fernsehen gesehen

. . . ist nicht wie im Leben gesehen und doch ist es Leben aber nicht das vor deiner Seele sondern das vor deinen Augen und die Wiese ist bunt vor den Augen und die Bäche sind lang und man kann sie nicht sehen denn ihr Wasser ist grau und die Pflanzen blasen ein garstiges Lied durch die grünen Blätter voller Rauch und Teer und nichts als Freude rieselt aus den verkalkten Adern und will mir helfen diese Botschaft nicht zu verstehen denn es würde mir nichts helfen sie zu verstehen und es würde mich nicht trösten meine Füße im bunten Gras zu sehen und doch auf die roten Pilze zu treten mit meinen wachen Augen und nichts zu verlieren außer einer kleinen Schürze mit einer großen Schere die stumpf ist und nicht schneiden kann und auch nicht die Dornen von den Rosen abtrennen kann weil sie nur tut was ich sage und ich sage nichts und verbrenne nicht meine Gedanken in einem lodernden Feuer aus dummen Gedanken die sich selbst immer wieder zum Feuer werden und die ich nicht mag nicht ihre Farbe nicht ihre Art nicht ihren Ton nicht ihre breiten Fransen wie an einem großen Kissen auf dem Sofa und das Sofa steht nicht fest und seine Beine sind Schweinebeine und morgen werden sie geschlachtet und ich werde sie davor behüten weil ich sie nicht essen will und weil ich ihr Blut nicht trinken will aber sie sind schon fort und lächeln mir trotz alledem über den Wolken zu und fragen mich wieder nach dem Weg und wie soll ich den anderen ihren Weg sagen wenn sie ihn selbst nicht kennen aber die Wege sind steil nur selten flach und sie führen durch die bunte Wiese und machen nicht halt vor allem was ich fürchte aber das ist ihre Art und warum sollten sie ihre Art ändern wo doch ihre Art ihr Kapital ist wie jede Art ihre Rose in der Hand hält und nur ungern einem Menschen mit einer Schere begegnet die scharf ist und die nicht verborgen werden kann unter langen Kleidern sondern offensichtlich ist in allem und in jedem was über die Straße läuft und keine Ruhe findet in der Nacht und immer wieder das Licht anmacht wo doch der Schlaf seinen Schlaf finden will und das nicht kann unter all diesen Girlanden aus Mist und diesen schönen gelben Strohblumen auf der Veranda die bei jedem Schaukeln auf der Schaukel mitschaukeln und mich einwiegen werden und meine Gedanken einwiegen werden wie einen Buchstaben in ein Wort das keiner versteht …

Keiner weiß

... warum der Ast immer so tief hängt und die Sonne
nie in den Farben der Nacht leuchtet aber doch immer
unter diesen großen Büschen mit den tiefen Schluchten
über den Bergen von Süden bis in den Norden wo das
Eis wie eine Urpflanze aus dem Boden wächst und mit
der Schaufel gerührt ist zwischen den Eisbären ohne ihr
weißes Fell und ohne die scharfen Zähne bin ich ganz
verzweifelt vor Freude doch das passt nicht zusammen
auf der kleinen Bank und auf den hohen Bergen mitten
zwischen den Wolken auf diesen steilen Wegen ohne
Zäune und Schwindel im Kopf wie eine Achterbahn im
grellen Licht des Rummelplatzes vergeht so vergeht auch
meine Sehnsucht und meine Gedanken und Gefühle sind
wie ein starres Gerüst aus Bambus zwischen den Palmen
mit großen Blättern wie Dächer über Wolkenkratzern
und Schirmen über Kongresshallen aber niemals wie ein
kleines Dach über einer Hütte sondern immer nur ohne
Bedeutung einfach so einfach wie Einfachheit sein kann
in dieser Welt zwischen den Fernsehern und Computern
und Rätseln für den Geist der nicht verstehen kann und
sich gegen das Gefühl wehrt das doch immer zwischen
seinen Kreisen stört und über allem schweben soll für
mich und dich und all die anderen die keine Antwort
wissen und doch so klug sein wollen mit ihren weißen
ungefüllten Heften in den schwarzen Aktentaschen aus
Leder und nie aus Kunststoff wie eine Barriere über dem
Fluss oder im Himmel oder im Wasser oder in den Kör-
pern der anderen aber nicht in meinem der so viel nicht

erlebt hat ohne seine Lieben zu kennen und zu wissen was er ihnen Gutes tun könnte mit diesen großen Augen und großen Füßen mit diesen schrecklichen ungestopf-ten Socken voller Löcher die am Tagesende der Hund ableckt und sich dabei die rauhe Zunge verrenkt …

Matjes ist ein Essen

. . . und ein Essen ist wie eine Symphonie wenn die Musiker nicht mit wenigen Tönen spielen sondern mit allen Tönen wie viel Töne sind alle Töne und wie viele Töne passen in ein gutes Essen wenn der Topf überkocht sind alle Töne raus oder gerade dann erst bei mir angekommen weil ich dann die Töne mit den Händen anfassen kann in dem übergekochten Essen und die Töne schmecken kann und dann nicht mit dem Lappen kommen muss um sie aufzuwischen weil ich sie dann mit den Fingern aufnehmen und von den Fingern ablecken kann wie das wohl aussehen mag wenn sich die Musiker beim Konzert die Finger ablecken und keiner die Töne spielen kann was ist das dann für ein Konzert und die Leute sitzen im Publikum und warten auf die Musik und sehen nur wie die Musiker sich die Finger ablecken und behaupten das sei übergekochte Musik und alle lachen sich halbtot wegen solcher dummen Späße und die Kritiker schreiben eine Kritik über eine Überkochsymphonie und die Musiker werden für verrückt erklärt und der Dirigent ist verzweifelt und kocht über und lässt den Taktstock fallen und denkt daran im Boden zu versinken und der Boden besteht aus lauter Tönen und die lachen sich kaputt über den Spaß und hüpfen von den Notenblättern direkt in die Kochtöpfe aber es gibt keine Kochtöpfe in der Musikhalle dann schaffen sie welche an weil das ist moderne Musik und moderne Musik wollen die Leute hören auf ihren festgenagelten Stühlen und in der Pause kaufen sie sich Tönesuppe und ihr Hals wird ganz laut und plötzlich krächzen alle nur noch herum und können nicht mehr reden und alles ist total durcheinander und die Geschichte ist irgendwie doch nicht eine Geschichte von Tönen sondern eine Geschichte wie ein Teppich auf dem man durch die Luft fliegen kann und der macht auch so komische Düsentöne aber ein fliegender Teppich sollte leise sein und keine Düsentöne machen und die Stewardeß sollte lieber barfuß auf dem Teppich gehen damit sie nicht herunter fällt beim Fliegen und alle warten darauf dass sie herunter fällt weil sie sich doch nicht festhalten kann aber alle können sich nicht festhalten und wollen nur noch runter auf die Erde und zu den Kochtöpfen und den überkochenden Tönen und alles ist übergekocht auf der Erde und sie stehen in einem großen Vulkan aus Eis und freuen sich dass Übergekochtes so kühl sein kann und der Mund vom Eisschlecken nicht verbrannt wird …

In der Rosaregenblütenzeit

... ist die Welt wie ein Wunder und mit den Augen zu betrachten ohne sich anstrengen zu müssen dieses Wunder zu bestaunen und zu verstehen wie es sich ergibt aus dem Nichts jeden Tag neu und jeden Tag neu zu bestaunen in seiner Fülle und Pracht mit atemberaubenden Farben und Formen und es ist so schade dass ich das nicht malen kann aber doch gut es in der Erinnerung einschließen zu können wahrscheinlich auch besser in der Erinnerung einschließen zu müssen weil keine Farbe es trifft und kein Pinsel genau genug ist den Zauber festzuhalten und was ist das alles schon ohne den Zauber von Sehen und Riechen und Hören und das alles wäre auch ohne uns denn wir spielen dafür keine Rolle und haben keine Macht und doch ist es als sei es ganz allein für jeden von uns gemacht gewachsen gesprossen entfaltet um es immer wieder neu betrachten zu können in dem Spiegel der Natur und im Spiegel meiner Augen gesehen über den Kronen der Bäume geflogen aber nicht mit den Federn die Wipfel berührt sondern nur ein wenig in ihrem grünen Kleid mit den Blättern gespielt und mit ihnen geredet über das Leben und die Sonne in ihrem Kopf und die große Grünmacherin hört zu und lacht mich aus weil ich über sie rede wie über eine Person die ich kenne und ich kenne sie doch nicht ich weiß nur wo ihr Atem hin fließt und dass er so kalt und so warm sein kann wie der gefrorene Bach mit seinem Eis warme Füße macht bevor sie erfrieren wie schrecklich dieser Gedanke doch ist und die weichen warmen Felle wären mir lieber

zu haben und hinter dem Geklingele der Pferdehalfter
zu sitzen und eingepackt in ewige Wärme die Kälte zu
genießen weil niemand die Kälte genießen könnte gäbe
es die Wärme nicht ausgepackt aus Kohle und ausgegos-
sen aus Öl und ausgeströmt aus Wasser und eingefangen
von der großen Grünmacherin die heute nicht mehr aus
meinem Kopf gehen mag weil der Himmel so blau ist
und die Farbe der Wärme so golden wie ein Engel über
den Bäumen schwebt und mir zuruft dass die Zeit vor-
über ist zu träumen und nur noch der Schlaf das Recht
hat mir über die Haare zu streichen und meine Hände zu
nehmen und mit mir über die Schwelle zu gehen …

Ohne zu fliegen fliegen

... hat die Wolken mehr durchbrochen als Welt-raummärchen es sich träumen lassen und Lichtschwerter die fliegen können sind auch in den Wolken der Phantasie zuhause und ihr Leben ist geboren aus nichts als Gehirn und diesen unbegreiflichen Geschichten aus Fleisch und Blut wie alle Geschichten aus Fleisch und Blut sind entweder geschrieben und gelebt vom richtigen Leben oder geschrieben aus dem Fleisch und Blut der Schreibenden und so ist alles Schreiben aus Fleisch und Blut und nie einfach nur so Tinte auf dem Papier und weiße Blätter die man zerreißen kann wie dünnen Stoff der sich reißen lässt von leichter Hand und die Buchstaben fallen heraus und suchen sich ein neues Buch da bin ich mir sicher denn kein Buchstabe ist aus der Welt der geschrieben wird weil er fliegen kann und fliegen wird und sich seine Wörter sucht und neue Sätze und andere Blätter die vielleicht nicht zerrissen werden und nicht im Müll landen vielleicht aber doch im Müll landen und dabei die Erde düngen mit Gedanken und die Luft füllen mit Abgasen von Liebe und Hass und sich treffen und aufhängen an den Zweigen der grünen Bäume und nicht nachlassen einen neuen Ort zu finden an dem sie sich vermehren können wie eine Distel oder roter Mohn seine Blätter verliert nach der Sonnenzeit und sich nicht danach fragt warum und nicht traurig ist sondern die Sonnenzeit und die Erdenzeit bügelt mit der Schwere von Erde und dicken Ästen und alles ist ein kleines Zelt über dem die Vögel zwitschern und auf dessen Dach sie mit ihren zarten Beinchen hüpfen und so tun als gäbe es für sie keine Ordnung und ich beneide sie um dieses Hüpfen und um den Moment in dem sie einfach so ihre Flügel ausbreiten und fliegen und auf und davon sind nur einen Meter vielleicht oder gleich einen ganzen Baum weit oder hundert Meter weit ohne Startbahn und Landebahn und Startgenehmigung und Landegenehmigung und niemand im Cockpit außer die Gesetze des Lebens nicht hinterfragt und nicht durchdacht sondern einfach nur damit geflogen und nie verloren in der Luft und nie gerettet aus der Luft und immer ein Stück des Himmels und der Erde über den Gesetzen gesetzt und was ist der nächste Gedanke wert außer dass ich ihn verkaufe an meine Seele und meine Seele daraus Marmelade kocht und keiner sie essen will und niemand sie auf irgendetwas streicht weil Seelenmarmelade keinen Geschmack hat und nicht gemacht wird für süße Tage sondern nur deshalb um die Früchte haltbar zu machen die aus dem Kopf wachsen und nicht gesehen werden können weil der Tag zu dunkel ist um sie zu erkennen und die Nacht zu hell um sie zu verstecken und so geht es weiter und weiter und alles was getragen werden kann wird die Luft tragen so auch mich und alle anderen deren Köpfe manchmal fliegen und keiner weiß wohin …

Kollegen sind nette Kollegen

. . . im Führerhaus vor dem Platz wo die Blumen über
den Noten wachsen und nicht wissen in welchem Him-
mel sie einmal landen werden mit ihrem Wachstum weil
keiner die Noten halten kann und keiner die Noten ver-
stehen kann außer es kommt einer und macht Fleisch
aus den Noten auf einem Klavier mit den Fingern oder
auf einer Gitarre wie Anne mit den Händen oder mit
einem Stimmband wie andere auch und auch ich mit
einem schlechten Stimmband das gerne ein gutes wäre
unter den Stimmbändern aber zu flattern nicht gelernt
hat aus Angst vor dem Wind im Flattern und aus Angst
vor dem Zittern im Hals und den vielen Menschen die
aber auch aus Noten kein Fleisch machen können weil
sie nicht wissen dass Noten gegessen werden müssen mit
dem Kopf und geschluckt mit dem Gefühl und verdaut
mit dem ganzen Körper wenn es gute Musik ist und
gute Musik zu verdauen macht keine Blähungen sondern
Lachen und Freude aber nicht auf der Treppe die in die
Burg führt wo es dunkel ist sondern auf der Treppe auf
den Turm wo es hell ist und die Sonne durch die Fenster
scheint durch viele offene Fenster durch die die Noten
wieder in das Nichts entschwinden in dem Moment wo
sie zu Fleisch geworden sind in deinem Kopf und dann
bist du wieder allein ohne die Schwingung und ohne die
weiße gute Laune und ohne die bunte große Karaffe mit
Wein aus der du die Geister steigen siehst und sie gehö-
ren zu dir wie die Füße auf dem Boden und der Boden
bleibt und versinkt nicht und ist unter dir so fest wie ein

Baum und so stark wie eine große Tanne mit großen Zweigen an die viele Lichter gesteckt werden können wenn sie leuchten soll und alle sehen wie sie leuchtet mit den vielen Lichtern auf den starken Zweigen und dann kommen die Noten wieder und tanzen auf den Zweigen und du kannst sie lieben wie gute Brüder und Schwestern ohne dass sie gehen wollen und sie nisten sich ein und bauen sich Nester in dem Baum und dann ist es schön und du bleibst gerne in seinem Schatten und bist ein Gast unter seinen Zweigen und die Nadeln nadeln in dein Haar und machen es würzig und sind immer wieder eine Reise wert unter den Baum den du nicht vergessen kannst weil er in deine Seele gepflanzt worden ist …

Grippe ist eine Winterkrankheit

... von Viren und Bakterien die im Körper ihr Zuhause haben und sich nicht fragen wo die Sterne aufgehen und ob Einsteins Relativitätstheorie stimmt und warum das Universum sich ausdehnt denn ihr Universum ist mein Körper und dein Körper und ihre Macht über unsere Körper ist so groß dass sie uns töten können wenn sie wollen und sie töten uns mit voller Absicht und kein Richter ist da um sie zu bestrafen und keiner hebt eine Hand um sie zu schützen wenn wir sie mit Medikamenten töten und so ist ein ständiges Töten in uns und keiner fragt nach Gerechtigkeit für die Bakterien und Viren sondern alle freuen sich darüber sie töten zu können sie abtöten zu können und wie grausam das auch sein mag so schön ist es doch wenn wir sie dann los sind und wieder atmen können und wir können uns nicht vorstellen dass so kleine Lebewesen ein Recht haben sollen zu leben in unserem Körper und so kann sich das Universum auch nicht vorstellen dass wir ein Recht haben zu leben in seinem Körper in dem wir kleiner sind als ein Virus in uns noch viel kleiner und so unvorstellbar klein wie es kleiner nicht geht und wir denken wir bauen Raumschiffe und wieso wissen wir nicht dass das Universum uns töten wird wie wir die Viren töten und das Universum hat kein schlechtes Gewissen das zu tun so wie wir kein schlechtes Gewissen haben die Viren zu töten und nimmt das denn kein Ende dass getötet wird und wir nichts dagegen tun können sondern ein Teil davon sind der wir nicht sein wollen und doch sind weil uns keiner gefragt hat und niemand eine Antwort von uns erwartet hat und niemand je eine Antwort von uns erwarten wird außer wir selbst aber wir stehen vor dem Spiegel und suchen unsere Seele wo sie nicht ist und finden unsere Träume wo sie nicht sind und verachten unsere Feinde wo sie nicht sind weil sie nicht sind und haben keinen Respekt vor der Blume und keinen Respekt vor der Blüte sondern wir fressen sie auf weil wir nur das können und ein Recht haben das zu tun es sein denn wir verleugnen unser Leben und unsere Zeit denn unsere Zeit braucht Energie und wird nie ohne Energie unserer Zeit sein und wir nehmen uns die Energie und fragen nicht danach ob es die Lebensenergie anderer Lebewesen ist seien sie nun Tiere oder Pflanzen weil es nicht anders geht und die Dinge nicht anders gedacht sind von den Denkern die wir nicht kennen und den Machern denen wir nie begegnen werden und damit wir daran nicht verzweifeln gibt es die Liebe und die machen wir selbst wenn wir sie machen und fühlen und erleben und leben für uns und die anderen um das grausame Fressen zu überwinden …

Fiebergedanken

... was sind Fiebergedanken wenn dein Kopf klar ist dann sind es keine Fiebergedanken sondern es sind Fäden im Kopf die versponnen werden wollen und ihre eigenen Wege gehen wenn man sie ihre eigenen Wege gehen lässt denn nur auf eigenen Wegen fühlen sich Gedanken wohl und sie hassen es fremde Wege zu gehen weil sie nur auf ihre Farbe und mit Wärme reagieren und mit Klarheit und mit überzeugender Liebe in allem was sie sind weil auch der Tag kommen wird wo sie das nicht können und nicht mehr ihre eigenen Wege gehen sondern überfallen werden von fremden Tönen die sie zwingen andere Melodien zu singen und andere Tänze zu tanzen und andere Speisen zu essen und andere Weine zu trinken und nicht mehr bei sich sind nur noch neben sich und keiner mag das sehen und keiner mag das riechen und nur wenige werden dann bleiben und beistehen und trösten und das aushalten und nicht weinen an den Betten oder vor den Stühlen und nicht lachen wollen sondern die Tränen laufen lassen und die Falten in den Gesichtern verziehen und nicht mit Cremes glätten weil das nichts nützt wenn du weinst und dann werden auch wieder fröhliche Tage kommen und ich werde nicht mehr weinen und an den Gräbern Zwiesprache halten mit euch und ich werde mir nicht mehr vorstellen wie ihr da liegt und wie euer Körper jetzt wohl aussehen mag denn eure Seelen sind bei mir und waren immer bei mir und ich habe sie nie vergessen und wir haben uns nie verloren aber ich hatte das Recht euch zu zürnen und das weiß ich jetzt und ich muss nicht über jeden eurer dummen Witze lachen auch wenn ich die Blumen nicht mehr pflücken kann die meine Hände nicht halten können weil die Sträuße zu groß sind und die Finger sie nicht halten können und ich das Papier nicht finde um sie einzuwickeln aber wie kann Papier schon einen großen Strauß halten das ist als wenn ein Jutesack das Wasser halten will und es nicht kann weil das Wasser durch die Ritzen sickert und immer das Wasser durch die Ritzen sickert in den Fluss der durch das Leben fließt und auch eure Säfte sind dort und eure Flüssigkeiten sind dort und alles was wir sind ist dort und ohne diese ewigen Orte ist nichts auf der Welt und wenn wir das nicht glauben dann glauben wir etwas anderes und es tut uns nicht mehr weh solange wir den Schmerz verdrängen weil Schmerzen nicht im luftleeren Raum Schmerzen sind sondern nur auf der Haut und auf dem Kopf und in den Handflächen wenn ich mich nicht mehr traue etwas zu berühren weil das Blut meiner Finger alles rot macht und ich kein Wasser habe um es wieder zu reinigen …

Wenn die nasse Nase läuft

. . . kann ich nicht so gut schreiben im Winter wenn
der Schnee auf der Wiese liegt und die Schwere auf der
Nase liegt und auf dem Kopf oh je und wenn alle ihr
Abendbrot haben wollen und wahrscheinlich einen vi-
rengepökelten Camembert bekommen und die Camem-
berts sind so weich wie fließender Käse weich ist aber
nicht ohne die roten Aufkleber auf den Verpackungen
wenn die Verpackungen so komisch beschriftet sind und
niemand sie richtig lesen kann weil die Schrift so klein
ist und man eine Lupe braucht um auf einer Verpackung
etwas zu lesen und lesen macht keinen Spaß wenn die
Schrift so klein ist und die Gedanken so schnell sind und
überhaupt alles viel zu schnell ist und gerade dadurch
das Schnelle das Langsame wird und das Komische das
Ernste und das Schöne das Hässliche mit den gelben
Büchern im Arm und den Kochlöffeln überzogen mit
Schokolade und mit Kakao den der Hund so gerne leckt
und dann eine schwarze Schnauze hat und alles mit Ka-
kao vollschmiert ohne sich Gedanken darüber zu ma-
chen wieso auch sollte sich ein Hund Gedanken über
Kakaoflecken machen er sieht sie ja nicht und sie stören
ihn nicht nur mich stören sie und ich schimpfe und mir
fällt heute nichts Vernünftiges ein mein Kopf ist voller
Bazillen und die hämmern von innen gegen meine Stirne
und tanzen ihren Krankentanz wahrscheinlich Samba
bei langsamem Walzer wäre es nicht so schlimm und
man würde nicht ewig die Nase hochziehen und ewig
das Taschentuch suchen und schon gar nicht auf den

Gedanken kommen in diesem Zustand etwas zu schreiben wo das Schreiben nun wohl steckt im Mauseloch der Gedanken und die Schutzengel fliegen heute aus weil sie viel Arbeit haben in diesem Schnee und auf dem Eis da gibt es viel zu halten solange sie nicht selbst ausrutschen aber ein Schutzengel kann doch gar nicht ausrutschen oder doch oder doch nicht oder er fliegt und er segelt und er hüpft oh je er hüpft das muss aber ein komischer Schutzengel sein der hüpft in der Luft herum auf den Sonnenstrahlen und auf den Schneeflocken und keiner sieht ihn das muss frustrierend sein als Schutzengel nicht gesehen zu werden aber was soll das schon ich habe sowieso keine Lust mehr diesen Quatsch zu schreiben und mein Kopf tut weh und meine Nase läuft mir weg und ich gehe jetzt und schnupfe sie aus …

Wenn der Schnee nicht mehr ist

… und die Füße nicht mehr laufen und das Lachen
keinen Raum mehr findet zum Klettern in den Bäumen
dann habe ich keine Lust mehr auf dem Rasen zu tanzen
und die Blätter anzumalen mit Gedanken und Tränen
und mit diesen grellen gelben Punkten auf der Schürze
an der die Finger ihre Fleischreste abgerieben haben
und die Spuren von Tomaten Essig und Öl über den
Schalen und in den Augen wie große Feigen getrocknet
und große Lilien über den Kopf geschwungen mit einer
großen Feder aus Glas und mit kühnen Träumen über
Liebe und Treue und nicht Begreifen und nicht Verste-
hen im Sumpf im Fluss auf der Wiese und auf der Leiter
des Feuerwehrautos von dem aus man so weit gucken
kann in die Nähe und Ferne und in alle diese weißen
durchsichtigen Fenster ohne Gardinen und grüne Pflan-
zen geputzt und glattgerieben mit Öl und rauen Händen
ohne Handschuhe und ohne Gedanken im Kopf über
schöne Rosen und Orchideen und bunte Bänder um
buntes Papier gewickelt in einem kleinen Laden mit viel
Licht und dem Geruch nach geschnittenen Zweigen und
dem Blick auf schöne Blüten auf schmalen Stängeln mit
scharf geschnittenen Enden im trüben Wasser von Kü-
beln und Schalen auf dem Fußboden der Phantasie habe
ich sie liegen sehen in weißen Nachthemden bevor man
sie aufgestellt hat in den Kapellen und auf den Krän-
zen und über den Köpfen hat es gerauscht und getanzt
und die Leute haben geweint und gelacht und gesungen
und ihre Augen waren schwarz vor Trauer bevor sie den

Weg zu Ende gegangen sind mit ihren Freunden und ihren Gedanken über das Ende von Tagen und Jahren in glatten Haaren über den Schultern ohne eine einzige Welle und ohne Glanz und ohne weiches Kraut auf den Händen vom Anfassen über dem Moos von der Wiese die über den Baumstämmen hing und immerzu nach dem Weg fragte in der dunklen Nacht in der nur die Blumen strahlten und keinen Durst auf Wein hatten und keinen Appetit auf die zarten Knospen von Salat und keiner die leisen Sohlen treten hören konnte wie sie über den Teppich glitten und sich über die weichen Fasern wälzten und liebten als sei es Sommer und als strahlte der Mond in der Nacht auf silberne Kleider mit langen Schleppen und Steinen mit den Strahlen von Rubinen und Smaragden an den Fingern schöner Frauen und auf den Köpfen mächtiger Menschen ohne Rutschschutz und ohne Klammern und nicht geklebt und gepolstert wie ein fettiger Kamelrücken im wässrigen Sand einer falschen Wüste in der ich den Weg nicht kenne aber die Richtung weiß …

Vergessen die Blumen zu gießen

. . . aber nie vergessen die Saucen zu rühren und die Kartoffeln zu schälen und die Fische aus dem Papier zu wickeln und unter dem Wasser abzuspülen mit kalten Fingern und die Finger werden noch kälter von dem kalten Wasser aber sie können nicht davonlaufen weil sie keine Beine haben aber wieso auch sollten Finger Beine haben an ihrem langen Fingerkörper ist doch nichts dran um Beine zu halten besonders dicke Beine zu halten aber mit Fingern und Fischen ist es wie mit Beinen und Schuhen manchmal passen die Dinge eben nicht zusammen und passen sich gegenseitig das Maß an und wissen nicht was das Maß ist und was die Sonne ist über dem Blecheimer in dem sich das Gesicht so vieler Generationen gespiegelt hat als es noch keine Spiegel gab und keine Fensterscheiben die die Wärme hielten und keine Fensterscheiben haben bedeutet frieren und krank sein und in unserer Zeit gibt es das nicht aber was sollen wir machen wenn wir keine Fensterscheiben mehr in unseren Häusern haben können und kein Licht und keine Türen zum Abschließen und keinen Herd zum Kochen dann ist die Welt zerstört und wir sind nur noch Körper und Seele und sonst nichts mit nichts und gar nichts außer sich selbst zu leben wie ist das dann als Einsiedler und der Geist läuft aus und der Kopf wird leer aber was ist dann in einem leeren Kopf auch ein leerer Geist und wie ist ein leerer Geist ist es ein Kopf ohne Gedanken oder ist es ein Kopf mit vergessenen Gedanken oder ist es einfach ein Kopf mit eingefrorenen Gedanken den man nicht mehr spürt nur noch Hunger und Durst und die nackten Füße und was ist dann Erleuchtung in deinem Geist wenn du allein bist und nichts mehr denkst außer den Rhythmus deines Fleisches zu spüren oder spürst du ihn gar nicht mehr sondern du spürst nur noch den Rhythmus deiner Seele wie sie in dir wabert und heraus will aus deinem Körper wenn du nicht mehr bist und sein wirst ohne Körper wieder in allem und um alles herum und mit jedem Molekül in der Erde ein formloses Teilchen für Menschenaugen aber nicht für andere Augen und die anderen Augen sind immer auch da und wir sehen uns an und begreifen uns nicht sofort sondern wir brauchen Zeit und die Zeit fliegt zwischen unseren Fingern durch die Haare und ihre Frisur ist die Ewigkeit …

Weiße Wände

... in hohen Räumen sind wie kleine Finger an einer großen Hand die nicht halten kann was sie halten will und nicht weben kann was sie weben will weil Stoffe nicht mit kleinen Fingern gehalten werden können und kleine Sachen überhaupt in den großen aufgehen müssen es sei denn sie strahlen so sehr dass sie nicht zu übersehen sind und übersehen werden tut weh im Augenblick aber nicht auf dem langen Weg wenn du starke Füße hast und nicht Angst hast vor der braunen Erde und nicht weinst wenn der Regen wie aus aufbrechenden Wolken nicht enden will und niemand Schirme hat aber du willst auch nicht behütet sein vor dem Regen aus dem Himmel weil er weich ist und die Angst abspült und reine Freude mit dem warmen Wasser über die Haut spült bis die Fingerkuppen aufquellen und kein Atem das trocknen kann und kein Wind die Tropfen in alle Richtungen zerstäubt wie Schlagsahne in Flocken in der Küche spritzt wenn der Mixstab aus der Schüssel zu schnell und zu hoch heraus gezogen wird wie aus einem See der auch eine Schüssel ist aber eine Schüssel mit Ufer und Gras eine grüne Sahneschüssel für Vögel und die Zungen von Kühen und Schafen deren Sahne das Wasser ist und das Sahnewasser glitzert über der Erde wie von unten von Glühbirnen bestrahlt und unter dieser wässrigen Haut begrabenen Kadavern aus ewigen Zeiten zusammengepresst zu Energie und Kraft und mit Baggern und Schaufeln geerntet und noch ist kein Ende absehbar aber es wird kommen und dann werden die alten Kadaver auferstehen in der Sehnsucht der Menschen nach einem verflossenen besseren Leben und die Erde wird ein Schrei sein den keiner hört und ihr Singen und Weinen werden nur die Sterne hören und sie werden zuschauen bei diesem Untergang und die sterbende Erde wiegen in Licht und Wind und das alles wird auch mit uns geschehen und mit jedem Teil unseres verwesten Körpers der schon vor nicht mehr zählbaren Tagen eins geworden war mit den ewigen Schwingungen von Kommen und Gehen und der Geist dessen den wir Gott nennen wird auch an diesen Tagen dort sein und an allen ewigen Tagen auch die noch kommen werden …

Mit netten Menschen essen

… ist wie guten Wein aus klaren Gläsern trinken und nichts verschütten und dabei in Gedanken keine klaren Gedanken haben müssen über Zeit und Raum und warum die Erde rund ist und nicht viereckig wie der Tisch und nicht strahlend wie ein Kristallüster der über den Köpfen eigentlich seine Runden drehen müsste und doch stehen bleibt gefangen an seinen Schnüren so wie ich und du und wir alle und doch nicht gefangen aber immer so tun als ob und wie und doch nicht und überhaupt gar nichts ist gesagt und nichts ist gedacht was wichtig ist und nichts ist gesagt was unwichtig ist über allem was schmeckt und gut ist und schön und anzuschauen wie das weite Meer über das die Schiffe fahren bis sie einen Hafen finden und die Häfen auf die Schiffe warten und die Flüsse vollaufen aus den Meeren und nicht still stehen sondern immer fließen und auf die Schiffe warten die ihre Häfen suchen und finden und sie aufnehmen mit offenen Armen und offenen Seelen und nie allein sind mit ihren Fragen und Zweifeln und das offene Ohr der Freunde nicht verlieren nicht im Garten und nicht im Wasser und nirgendwo wo du bist weil alle so sind wie du nur du weißt es nicht und alle so träumen wie du nur sie sagen es nicht und alle so zweifeln wie du nur sie reden nicht darüber und ihre Münder sind verschlossen mit Angst und sie können nicht reden nur wenige Worte und die Worte sind kurz und schwer und sie atmen nicht sondern ersticken an ihrem Sinn und an ihrem Inhalt und sie haben keine Schwämme um die Tränen aufzusaugen die sie beim Sprechen verlieren und sie haben keine Weinflaschen zum Öffnen in denen sie ihren Kummer ertränken könnten und keine Menschen zum Küssen und Lieben mit denen sie ihren Kummer besänftigen könnten und doch sind die nicht allein aber warum sehen sie das nicht und warum fühlen sie das nicht und warum geben sie ihrer Seele nicht Raum zum Atmen und ihren Beinen nicht die Kraft zum Laufen und ihren Armen nicht die Kraft wichtige Arbeit zu tun für sich und andere und da zu sein und nicht wegzuschauen wenn sie gebraucht werden wie das Wasser gebraucht wird zum Leben das auch nicht weiß wie wichtig es ist und doch so wichtig ist ohne das zu wissen im Überfluss von Essen und Trinken und Reden und Lachen und Sein und Haben über allem zu stehen mit langen Beinen in langen weißen Kleidern die nie schmutzig werden weil sie den Boden nicht berühren und bunten Ketten um den Hals die nicht leuchten und Haaren die nicht gekämmt sind und alles ist weit und leicht zuletzt und ganz einfach zu verstehen und es gibt keinen Zweifel und keine Angst in der Liebe und sie ergreift deine Hand und du wirst ihr folgen wo immer sie dich hinführt ohne auch nur einen Schritt vom Weg abzuweichen …

Auf einem Lichtkegel sitzen

... wäre nicht so gut für einen undurchsichtigen Menschen denke ich denn vielleicht wäre der Körper durchflutet von Licht und wie wäre das durchflutet von Licht zu sein von oben bis unten und reden zu können mit seinen Organen wie mit einem lebendigen Wesen und sich erzählen lassen wie sich das letzte Viertel Wein verteilt hat und alle haben gelacht als der Schluck so schnell durch die Speiseröhre nach unten rutschte und huch wie war das komisch als die roten Blutkörperchen noch mehr Farbe annahmen und das Gehirn signalisierte dass die rote Flut käme und wohl bald mit einer Rotweinüberschwemmung zu rechnen sei durch die ewige Rinne des Genusses und durch die farbigen und weißen Begleiter im Blut und alle sind mein und ich kenne sie nicht ich kenne sie nicht vom Sehen und nicht mit Namen und sie sind doch ich und warum kenne ich sie nicht wie lebendige Wesen in meinem Wesen und warum habe ich nicht die kleinste Idee darüber wie sie denken und fühlen und warum mein inneres Universum abgeschottet bleibt bis zu meinem Tod und für sich bleiben muss ohne dass ich es kenne weil nur so das Leben lebt und nur so meine Haare wachsen und mein Gehirn denkt das könnte es doch nicht aufgeschnitten und beobachtet unter grellem Licht und die kleinen Teile des Lichtes wollen das auch nicht aber die haben keine Wahl geschickt zu werden weil sie Licht sind so wie ich keine Wahl habe Mensch zu sein weil ich Mensch bin und nichts das ändern kann und keiner das anders machen könnte außer man verlässt sich selbst auf bunten Flügeln und fliegt in seine Träume und baut sich ein Haus aus Geist und hebt damit ab und ist versunken und verscharrt in sich selbst ohne die große Blume zu riechen die genauso hinter dem Berg wartet und nicht gehen kann weil ihre Wurzeln angewachsen sind und ihre Blätter den Honig nicht auffangen können und die Gewehre einschmieren mit Honig dann schie-ßen sie nicht mehr und wer die Wahl hat zu schießen oder nicht daran zerbricht wie mein Vater und viele Vä-ter im Krieg zerbrochen sind weil niemand Honig über die Gewehre geschüttet hat denn es gab zu wenig Bienen um ihn zu machen und zu versprühen …

Die Multioption

... auf mein Leben gibt es nicht auch nicht wenn alle davon reden und so gerne glauben wollen dass es sie gibt und ich lache bei dem Gedanken in einer Multioptions-gesellschaft glücklich zu werden mit all diesen Multi-optionen die mir auch nur von anderen gesetzt werden und die Stühle auf die man sich setzen darf auch immer wieder besetzt sind und die Menschen verrückt werden weil sie nicht multioptieren können die armen Gehirne und die armen Herzen und sie winden sich im Schlaf und finden keine Ruhe und wünschen sich immer das Unwünschbare dass sie sich nie selbst erfüllen können und nie sind sie zufrieden und die Gedanken sollen keine Kleider tragen und sollen nicht bekleidet werden von Machern die Geld damit verdienen wollen sondern die Gedanken sollen in der Luft schwingen und frei sein aber nie den Blick auf den Boden verlieren und die Gren-zenlosigkeit als Grenze ernst nehmen weil nur die Gren-zenlosigkeit die Grenzen setzen kann auch dem Hasen und dem Reh und der Nähmaschine mit der krummen Nadel die nicht mehr nähen kann und dem Garn in den Händen der Schneiderin die jede Naht als eine Grenze empfinden muss und nicht die Schere nehmen darf und einfach so schneiden in den schönen Stoff der zwischen ihren Fingern gleitet wie ein schnittiges Schiff über einen ruhigen See ohne Fische darunter und ohne Wind der die Wellen schneidet ohne Schere und die Kleider näht ohne Garn im Getümmel der kleinen Wellen die alle singen können und traurig sind dass keiner sie hört denn ihre Stimmen schwimmen im Wasser und können sich nicht davon lösen weil sie verbunden sind ohne Garn mit den großen Kräften die ein Auge nicht sehen kann und die Ohren können sie auch nicht hören es sei denn der Gesang der Sonne erreicht das Innere von allem was ist und breitet sich aus wie ein Wassertropfen Ringe in die Oberfläche des Wassers schneidet und niemand hat das je gehört aber alle leben davon und trinken diese Energie denn nichts anderes kann es sein als dass der Gesang der Sonne seine Kraft im Licht ausbreitet ohne Noten und mit dem Geschmack von Erdbeeren und Kaffee und süßen Melonen und Käse der in ihrer Wärme zerfließt und alles klebt an ihrem Gesang und ist davon nicht mehr zu entfernen nur durch den Tod von allem und dann hört sie auf zu singen und ist nur noch eine traurige Gestalt die den Windmühlen keine Kraft mehr geben kann und den Blumen den Tod zu trinken gibt und deshalb ist sie traurig weil sie das weiß und nichts dagegen tun kann …

Eine Glosse ist das Leben nicht

... und doch eine Glosse und die Gedankenfäden des Lebens spinnen sich und suchen sich selbst ihren Weg und trampeln sich selbst ihre Pfade aus und sie stehen an den Rändern obwohl sie keine Ränder sind und Randbemerkungen schon immer unwichtig waren in all ihrer Wichtigkeit und jeder sie gerne liest weil sich darin die wahren Gedanken verbergen und die Täler des Nichtwissens nach Lampen suchen um sie zu erhellen aber wer hat schon so viel Licht und wer kann die schweren Lampen tragen ohne sich selbst die Hände und Füße zu verletzen und immer noch nicht vom Weg abzuweichen und die Dinge noch immer klar zu sehen und mit den Messern noch immer fein zu schneiden und nicht in die Finger nicht in meine und nicht in andere Finger denn ich habe keine Schale um das Blut aufzufangen und ich habe keine Binden um die Wunden zu verbinden und auf keinem Berg ist die Sicht so weit wie auf meinem Berg und in keinem Tal ist die Sicht so beengt wie in meinem Tal und warum tue ich das überhaupt und warum schneide ich überhaupt mit dem Messer sollen doch die anderen schneiden und schreiben und mir die Qual abnehmen zu entscheiden und mir die Mühe abnehmen mir Gedanken zu machen aber es geht nichts ohne meine eigenen Gedanken und es geht nichts ohne meine eigene Arbeit und meinen eigenen Schweiß und die eigenen Flügel mit denen es leicht sein soll über die Berge und Täler zu fliegen und keine Angst zu haben und immer besser zu werden in dem was man kann und trotzdem nicht den Spiegel zu verlieren in dem die eigenen Falten von Vergänglichkeit erzählen und im Hintergrund das nasse Handtuch hängt mit dem ich mir den Schweiß abgewischt habe und nun frisch bin und alles machen kann was die weiße Blume in meinem Gehirn ausgeblüht hat und ausgesät hat und niemals mich verlassen wird und immer ein Teil von mir sein wird und alles was ich denke soll in ihrem Schoß bleiben und soll einen Rahmen bekommen der nur mein eigener ist und mit meinem eigenen Wasser begossen werden ...

Heute leben sie mit dem Sterben

... und die Mikrofone saugen das Sterben in sich auf und sind es leid das Sterben aufzusaugen von lebendigen Lippen die reden wie die Blinden von der Farbe und nichts wissen und verstehen außer dass das Geheimnis sich vollzieht hinter den beiden erleuchteten Fenstern in einer ewigen Stadt und ich frage nicht nach dem Kampf weil er kein Kampf ist für so eine Seele und wie wird mein Kampf sein ohne die Kinder und ohne alles Denken und nur bei mir sein oder doch lieber nicht daran denken weil warum daran denken und Angst haben vor dem Unvermeidlichen das immer in Gedanken den Parallelweg gegangen ist über die Jahre von den Zöpfen bis zu den Locken und von den Söckchen bis zu den Seidenstrümpfen und immer da war was schön sein sollte und sich seinen Weg gesucht hat im Atmen von Zeit und im Singen von Düften und im Hören von leisen Tönen der Orgel die so garstige dunkle Pfeifen hat und dir das Blut in den Adern erstarren lassen kann und nichts zu tun hat mit Himmel und Liebe nur wenn die richtigen Hände sie spielen und jede Taste streicheln wie sanfte Haut mit frisch gepressten Kräutern in Öl und nichts außer den Apfelsinen und Zitronen ist sauer im Geiste von Geistern und Gesichtern die sich anschauen und alles wissen weil sie es in den Augen lesen und von den Lippen fühlen und vergessen was sie gesehen und gefühlt haben und einfach nur da sind und tun und sich nicht vergessen wollen sondern den Weg weiter gehen auf einer Treppe mit Teppichen und gestreuten Blüten wie im

Film ohne die Geschichte zu kennen ist das schön über Blüten zu gehen und doch will ich nicht über Blüten gehen sondern sie lieber auf der Wiese bewundern wie sie sich wiegen und ihre Knospen ausbreiten in die Arme der Sonne und in die Kraft des Windes und einfach nur da sein für einen Augenblick in dem sich alles bewegt und alles erfüllt und keine Farbe ungemalt bleibt und keine Antwort sich versteckt und nichts außerhalb seiner eigenen Gestalt stecken bleibt sondern bei sich selbst ist und bei den anderen Menschen schläft und in ihren Armen hängt wie ein schönes Kleid über dem Bett liegt und nicht gewaschen werden will auch nicht wenn du es verschwitzt ausgezogen hast und dabei denkst dass das Leben auch nicht abzuwaschen ist und der Geruch von Menschen nicht abzuwaschen ist wie eine seifenblasige fremde Gestalt von fremden Molekülen …

Regen über den Schirmen

. . . ist besser als Regen unter den Schirmen ohne Lö-
cher und Angst nass zu werden mit den schönen Haa-
ren und doch ist es egal mit dem Regen weil was sind
schon nasse Haare nichts sind nasse Haare wenn du ei-
nen Fön hast um sie zu trocknen im Schlafzimmer im
Badezimmer aber nie vor so vielen Leuten wie in den
Friseurgeschäften in die man hineingucken kann und
sehen wie klatsch die Haare sich am Kopf lieben und
alle können es sehen durch die Scheiben sehen ist durch
die Scheiben sehen ohne Sinn durch die Scheiben sehen
ohne Gardinen die nicht mehr in Mode sind außer auf
den Dörfern wo sie noch Rüschen haben und Blumen-
bilder und so schön weiß gewaschen und mit Bändern
gerafft hatte ich auch früher ganz früher aber jetzt schon
lange nicht mehr nichts ist mehr so wie früher unter den
grünen Bäumen im Irgendwoland im Nirgendwoland
im Überseeland oder Nonsensland oder gar nichts im
Überhauptnichtsland was das für dumme Gedanken
sind ohne Sinn und Verstand und dem Weh und Ach
von denken und denken und zu genau demselben Sinn
und Unsinn kommen weil dein Denken dich nur an den
Rand bringt und doch nicht ins Zentrum und nie über
die Berge ins grüne Tal der Wonnen zu den gelben Son-
nen mit den langen faserigen Strahlen bis ins Abendrot
wo dir der Tod droht und winkt und lacht und dir gar
nicht so fern zulächelt wie ein alter Freund ohne Zähne
der nicht beißen kann weil er keine scharfen Zähne hat
sondern nur Stummel von brauner Schokolade aus Ber-

lin und das Zahnfleisch aus Marzipan mit Nougat unter
den Lippen die so süß lächeln wie schön sie lächeln weil
sie immer alleine unter dem Milchbach stehen und auf
den Fluss warten der aus dem Euter der Kuh fließt wie
aus Brustwarzen ohne Kinder zu säugen und wie aus
dem Himmel ohne Engel zu säugen und wie aus den
Bergen ohne Kristalle zu säugen mit Metallen und me-
tallenen Farben wie glühende Farbenwunden ohne ver-
bunden zu sein im Alles in der Natur und über deinem
Kopf und deinen Sinnen die das nie erahnen können
nur sehen und schauen und fühlen wie ein Mensch mit
geschlossenen Augen schnarcht in der Nacht …

Vor der Reise

. . . habe ich mir die Haare gewaschen und die Lo-
ckenwickler haben meinen Kopf eingeengt wie sie die
Haare einengen und formen und ihnen Gestalt geben
wie einem Stoff mit Schere Garn und Nadel Gestalt
gegeben wird und es entsteht etwas aus meinen Hän-
den mit den Dingen die andere gemacht haben und so
entsteht Neues aus Altem und das Alte ist ein Teil von
allen und von Allem so wie das Neue immer wieder
das Alte wird und ich fassungslos davor stehe und es
nicht begreife wie das geht aber es reicht es zu sehen zu
hören zu schmecken zu fühlen zu ahnen wie es ist denn
warum will ich es wissen wo sich doch die Geheimnisse
verstecken und sich einen Spaß daraus machen mich an
der Nase herumzuführen und mich nicht in die Höhle
zu lassen in der es dunkel und warm ist und ich mir
selbst die Kerze anzünden muss um mir meinen Weg
zu beleuchten und immer wieder den Wind abhalten sie
zu löschen und mir immer wieder Freunde suchen sie
zu tragen aber sie sind nicht auf meinem Weg ich sehe
sie nur aus der Ferne oder neben mir und ich winke
ihnen zu und wir lachen gemeinsam über dem Wasser
auf der Brücke die uns zueinander führt immer wieder
auf dem morschem Holz und wir zimmern eine lange
Reihe von Fäden ohne Sägen und ohne Holz wir weben
sie aus Gedanken und wir verketten sie mit Liebe und
das trägt immer wenn ich die Hoffnung verliere und an
manchem Morgen die Tränen nicht verstecken kann wie
sie sich kleiden und freuen wieder einmal an der Luft zu

sein denn sie trocknen sich gerne an der Luft und das ist der einzige Grund weshalb sie zu sehen sind sie sind so eitel und so überaus putzsüchtig und heben sich nie ab von ihrem Untergrund und deshalb wollen sie gesehen werden und ihre Art ist wässrig trübe und salzig und sie sind ohne Scham immer wo man sie nicht braucht und sie sind immer ihr eigener Spiegel in einem Objekt für Fischaugen das sie groß und größer macht und ihr Wesen verzerrt wie ein langes breites Band dünn wird an dem gezerrt wird und dessen Länge keine Länge ist sondern ein bunter Weg auf dem alle immer wieder gerne gehen wollen weil sie sich nicht darauf verlaufen können und verlaufen wer will das schon auf so einem bunten Band das von allen gesehen wird und keiner gibt es aus der Hand und möchte es behalten und hat doch keine Wahl zerschnitten zu werden in kleine bunte Stückchen die zu Konfetti werden das über den Köpfen der Seelen ausgeschüttet wird und herabrieselt wie bunter Schnee in trübe Tassen fällt und sie füllt bis alle den Rand sehen und Lust bekommen daraus zu trinken …

Wenn Hände

... aus dem Himmel fallen ist es als ob ein Stein im Wasser versinkt und niemand ihn je wieder findet nur die fliegenden Hände aus dem Himmel könnten das aber die suchen einen anderen Weg und schaufeln sich eine andere Bahn als ein Stein im Wasser der nur sich selbst überlisten kann durch seine Schwere und sein unendliches Sinken und Sinken und er sieht dabei die Wellen nicht und nicht die großen Blumen an den Bergen im Wasser und nicht die Boote nur von unten ein bisschen aber auch das interessiert ihn nicht als vielmehr nur der Platz auf dem er landen wird um sein Dasein abzuschließen auf diesem Platz für immer und ewig bis die Sonne ihn doch einmal erreicht in der Dunkelheit denn keiner zündet den Kerzenleuchter an weil Kerzen nicht brennen im Wasser nur wenn sie von Vulkanen angezündet werden und nicht Kerzen sind wie sie in der Nacht den Garten erhellen und die Augen der Menschen glücklich machen mit ihrem Schein und nichts mehr bleibt von Sorge für einen Augenblick in dem das Glück sich aufgeschwungen hat im Licht der Kerzen zu leuchten und sich zu verbreiten wie ein Duft von Rosen oder auch von schönem Käse denn warum sollte das Glück nicht auch im Duft von Käse wohnen für eine feine Nase jedenfalls die Käse riechen mag reicht es aus mit dem großen Messer ein Stück Glück abzuschneiden vom Käse und das zwischen den Zähnen genüsslich zu kauen und zu schmecken wie gut das ist zu essen zu haben zwischen den Zähnen auch wenn wir das nicht sehen diesen Brei der unser Leben erhält und in unseren Körper rutscht wie mit einem Schlitten vom Berg herunter und nie den Berg wieder hinauf darf ohne Schmerzen zu bereiten und Schmerzen sind schwer zu verdauen und ihr Duft sind Tränen und Tränen sind ein feuchtes Tuch das auf der Seele liegt und sich selbst immer wieder auswringt weil es immer wieder Wasser gibt um es zu befeuchten und zu durchfeuchten denn ohne das geht es nicht und ohne die feuchten Tücher wird auch nichts sauber mit dem Ausspülen von allem was im Wasser schwebt und die Sicht behindert und ich will doch die klare Sicht aus dem schwindenden kleinen Wagen retten der über das Wasser fahren kann mit Menschen die immer über Wasser gehen und nicht versinken weil sie schwimmen können und das wünsche ich mir und halte den Gedanken gerne fest und weiß doch dass dieses ewige Schwimmen ohne zu versinken nichts anderes bedeutet als tot zu sein und ruhig zu schweben im ewigen Wasser und zu sein wie ein Welle und zu fühlen wie ein Molekül und auszusehen wie ein staubiger Hauch von gewesenem Glück …

Zähne

... was ist mit Astrids Zähnen und beißt sie mit ihren Zähnen in Busch wer ist Busch der kommt heute und hat Zähne hat auch Zähne mit denen er beißen kann aber nicht beißen wird oder doch weil andere für ihn beißen und beißen lassen ist Macht über andere Leute mit anderen Zähnen die auch beißen und beißen lassen und überhaupt was ist eine Beißgesellschaft und wer kann beißen ohne dass ihm die Zähne ausfallen oder braun werden aber mit braunen Zähnen kann man nicht beißen weil ich meine Zähne bunt anmalen werde mit allen Farben dann können sie nicht beißen nur die Leute werden lachen und sich fragen was das für bunte Zähne sind und sie werden nach der Zahnpastatube rufen und nach der Zahnbürste und alle möglichen Mittel werden nichts nützen um die bunten Zähne weiß zu kriegen in ihrem Bett und Betten sind weiß und weich und Zahnfleisch ist hart und fest und kann nicht spazieren gehen mit seinen Gedanken weil Zahnfleisch keine Gedanken hat nur Fleisch und das kann man nicht essen ohne Senf und ohne Salz und ohne überhaupt darüber nachzudenken warum Senf und Salz zu Fleisch gehören sollen wo doch jeder sein eigenes Fleisch hat das er nicht mit Salz essen kann und Menschen haben Menschen gegessen vor langer Zeit und sie haben Menschen nicht als Menschen betrachtet und sie haben auch nicht gebadet in Badewannen und in Badewannen ist das Wasser nur schön wenn es warm ist und hoch steht und alles bedeckt ist und die Zeit die Zeit sein kann und keine kranken Zähne im Mund nur Schaum vor den Augen und ein weiches Handtuch und ein lieber Mensch mit einem Glas Tee und er schüttet den Tee nicht aus und er trinkt den Tee im Licht einer Kerze und sagt dir dass er dich liebt und du denkst nur an den Schaum und an das weiche Handtuch und an einen sauberen Körper den man wieder verschwitzen muss damit das neue Badewasser wieder dreckig werden kann irgendwann und du glücklich bist im warmen Wasser und einfach nur von schönen Dingen träumst und von schönen Himmeln mit schönen Wolken und schönen Gedanken aber wässrigen Gedanken mit einem Blick voller Träume …

Mit den letzten Worten des Puk aus Shakespeares »Ein Sommernachtstraum« möchte ich mich verabschieden. Zugegeben - ich habe sie ein wenig verändert, aber nur gerade so viel, wie es einer Dichterin verziehen sein sollte …

Wenn ich Schatten euch beleidigt,
denket dies, das mich verteidigt:
Dass mich nur der Schlaf umtrieb,
als ich diese Zeilen schrieb.
Denn mein Thema, schwach und nichtig,
ist so flüchtig wie ein Traum.
Drum verzeiht, was hier geschehen.
Bald sollt ihr was Bessres sehen …
sonst will ich ein Lügner sein!
Und nun Gut Nacht euch allen miteinander.
Spart nicht mit Lob,
seid ihr mir gewogen,
und fühlt euch nie von eurer Phantasie betrogen.

Veröffentlichungen von Johanna Renate Wöhlke

Johanna Renate Wöhlke Verlag

Gedichte:

Federpferde
Lyrikmarmelade aus Schneckeckenheckenzecken, Elefantentränen, Regenküssen, ewigem Rosenrot und Hoffnung
Hamburg, 1996
77 Seiten. ISBN 10: 3-931628-00-0.
ISBN 13: 978-3-931628-00-10. 9,95 Euro
(die 2.erweiterte Auflage wird 2007 erscheinen)

»Federpferde ist lustig und traurig, einfach und tiefgründig, grellbunt und grau, engagiert und unsinnig.
Ein kleines Buch über alles , über nichts, so unnötig wie die Blume im Garten.
Ein kleines Buch für alle, die Lyrik eigentlich ignorieren – doch Morgenstern oder Heinz Erhardt durchaus schätzen.
Ein kleines Buch zum einfach mal Reinlesen, Wohlfühlen, Sich wiedererkennen.
Trockenes Brot kann man essen – mit Marmelade ist es ein Genuss!
Keiner braucht sie wirklich: die Gedichte!
Aber mit Lyrikmarmelade aus Schneckeneckenhecken-

zecken, Elefantentränen, Regenküssen, ewigem Rosenrot und Hoffnung …. wird der Alltag bunter!«
Rana Ulrike Baum (Baum-Media, Hamburg und Rundfunkjournalistin)

»Du beherrschst die Kunst, das Große im Kleinen zu sehen. Bei vielen »Dichtern« habe ich den umgekehrten Verdacht. Da kommt dann nur heiße Luft heraus, sogar bei Herbstgedichten …«
Martin Wehrle, Schriftsteller

Glossen und Feuilletonistisches:

Der Mensch im Gemüsefach der Geschichte. Alltagsminiaturen
Hamburg 2004
Herstellung Books on Demand GmbH, Norderstedt
117 Seiten. ISBN 10: 3-931628-24-8.
ISBN 13: 978-3-931628-24-6. 9,95 Euro

Das Buch wurde von dem großen deutschen Frauenmagazin »FÜR SIE« zu den elf jahrgangsbesten Büchern des Jahres 2004 ausgewählt: FÜR SIE, 18. Dezember 2004, Heft 1/2005, S.123) Es enthält eine Auswahl von einhundert Texten aus der Arbeit für das Hamburger Abendblatt/ Harburger Rundschau für die Kolumne »Lokalspitze«.

»Die Lokalspitze in der Harburger Rundschau ist eine Kolumne, die wir sehr pflegen, weil sie von unseren Leserinnen und Lesern geliebt wird. Längst nicht jeder Autor, der möchte, findet sich dort wieder. Was die Lokalspitzen von Johanna R.Wöhlke so liebenswert macht: Sie sind so herrlich menschlich, beleuchten unsere kleinen Schwächen, die wir ruhig einmal zugeben können, und die das Leben lebenswert machen. Unsere Autorin gibt dabei auch immer zugleich einen Einblick in ihr (äußerst ausgeglichenes) Seelenleben. Kurz, die Geschichten von Johanna R.Wöhlke sind das reine Lesevergnügen .« Redaktionsleiter Rolf Schriefer

»Sie macht sich Gedanken. Alltägliches und Außerge-wöhnliches gießt sie in ihre eigene kleine Kunstform. Mit Liebe zum sprachlichen Detail nimmt Johanna Re-nate Wöhlke die kleinen Schwächen der Mitmenschen auf die Schippe, nie verletzend, stets mit einer gehörigen Portion Selbstironie erhebt sie selbst Dinge zum Thema, die allenfalls auf den zweiten Blick welche sind. Das La-chen bleibt manchmal im Hals stecken, das Schmunzeln aber bahnt sich seinen Weg. Sie macht sich Gedanken, und es entstehen kleine Geschichten voller Menschlich-keit und Wärme – Miniaturen des Alltags.«
Uwe Spriestersbach, Chef vom Dienst Hamburger Abendblatt/Harburger Rundschau

Skurrile Poesie:

als Buch haben Sie in der Hand:

Im Himmel gebadetes Obst. Eine skurril-poetische Ge-dankenreise
Hamburg 2006

Herstellung Books on Demand GmbH, Norderstedt
112 Seiten. ISBN 10: 3-931628-56-6.
ISBN 13: 978-3-931628-56-7. 8,90 Euro

als Hörbuch können Sie herunterladen:

Im Himmel gebadetes Obst. Eine skurril-poetische Ge-
dankenreise.
geschrieben von Johanna Renate Wöhlke; gesprochen,
interpretiert und hergestellt von Johannes Glück (Wien),
Musik: »Fahrt auf der Elbe« von Johanna Renate Wöh-
lke; Klarinette Reiner Regel; produziert mit Regenbogen
Musikproduktion, Hamburg. GEMA
Hamburg 2006, 130 Minuten
vertrieben von Books on Demand GmbH, Norderstedt
(www.bod.de)
ISBN 10: 3-931628-51-5.
ISBN 13: 978-3-931628-51-2. 5,95 Euro

Der Wiener Schauspieler Johannes Glück liest »Im Him-
mel gebadetes Obst« mit dem Charme eines Österreichers
aus Wien: poetisch sanft und doch ausdrucksstark nuancie-
rend in der Interpretation dieser skurril poetischen Texte.
Seine Ausbildung in Schauspiel, Gesang und Tanz erhielt
der dreißig Jahre junge Künstler am Konservatorium der
Stadt Wien. Er bestand sein Diplom mit Auszeichnung.
Die Bühne und der Gesang sind aber nur zwei Aspekte im
Wirken des Künstlers. Er komponiert, schreibt Liedtexte
und arbeitet als Autor, davon auch zwei Jahre von 2003
bis 2005 in Musicalproduktionen in New York. Zwei von
ihm geschriebene Werke – die musikalische Komödie

»Das Greingold oder Marder unter uns« sowie die Operette »Das Dingsbums, das man Liebe nennt« – wurden in Grein und in Wien gespielt. Gerade arbeitet er an »Krawutzi Kaputzi«, einer musikalischen Komödie, die am Kabarett Simpl in Wien produziert wird. Auf seiner homepage www.charmsong.com ist alles zu erfahren, was den künstlerischen Werdegang und das künstlerische Wirken von Johannes Glück betrifft.

Johannes Glück nahm »Im Himmel gebadetes Obst« in seinem Wiener Studio auf

als CD können Sie erwerben:

Im Himmel gebadetes Obst. Eine skurril-poetische Ge-
dankenreise
geschrieben von Johanna Renate Wöhlke, gesprochen
und interpretiert von Johannes Glück; Musik: »Fahrt
auf der Elbe« von Johanna Renate Wöhlke, Klarinette
Reiner Regel; produziert mit Regenbogen Musikproduk-
tion Hamburg. GEMA
Hamburg 2006, Doppel CD 130 Minuten

ISBN 10: 3-931628-60-4.
ISBN 13: 978-3-931628-60-4. 14 Euro

Eddy Winkelmann, Liedermacher und Texter (Ham-
burg) schreibt zu »Im Himmel gebadetes Obst«: »Grosses
Kompliment! Die Stimme von Johannes Glück klingt
sehr sympathisch, gutes timing, warme Ausstrahlung,
flüssig und perlig gelesen. Und dann die Geschichten!
Eine Klasse für sich. Johanna Wöhlkes Hörbuch ist im
Moment das Efeu, das sich langsam in meinen Gehör-
gang rankt!«